职业技能等级认定培训教材

企业人力资源管理师

（四级）辅导练习

上海职业技能等级认定培训教材编委会　组织编写

中国劳动社会保障出版社

图书在版编目（CIP）数据

企业人力资源管理师（四级）辅导练习 / 上海职业技能等级认定培训教材编委会组织编写 . -- 北京：中国劳动社会保障出版社，2023

职业技能等级认定培训教材

ISBN 978-7-5167-6228-8

Ⅰ.①企… Ⅱ.①上… Ⅲ.①企业管理 - 人力资源管理 - 职业技能 - 鉴定 - 教材 Ⅳ.①F272.92

中国国家版本馆 CIP 数据核字（2023）第 252343 号

中国劳动社会保障出版社出版发行

（北京市惠新东街 1 号　邮政编码：100029）

*

北京市科星印刷有限责任公司印刷装订　　新华书店经销
787 毫米 ×1092 毫米　16 开本　7.75 印张　166 千字
2023 年 12 月第 1 版　　2025 年 3 月第 2 次印刷
定价：22.00 元

营销中心电话：400-606-6496
出版社网址：http://www.class.com.cn

版权专有　　侵权必究

如有印装差错，请与本社联系调换：（010）81211666
我社将与版权执法机关配合，大力打击盗印、销售和使用盗版图书活动，敬请广大读者协助举报，经查实将给予举报者奖励。
举报电话：（010）64954652

编 审 人 员

主　编：任余礼

编　者：林志军　任中玥　张亚平

主　审：李旭旦

内容简介

为推进技能人才评价制度改革，全面推行职业技能等级制度，加快推进职业技能等级认定工作，上海职业技能等级认定培训教材编委会组织有关专家编写了企业人力资源管理师职业技能等级认定培训教材。

本书按单元进行编写，每个"单元"与教材中的"篇"相对应，提供有针对性的辅导练习题。辅导练习题配有答案，便于读者检验和巩固所学的内容。

本书依据上海企业人力资源管理师（四级）职业技能等级认定培训教材和认定细目组织编写，是教材的配套用书，为读者学习教材核心内容，检验所学知识和技能提供有益的帮助，适用于职业技能等级认定培训和中短期职业技能培训。

前言

为贯彻中共中央、国务院《新时期产业工人队伍建设改革方案》《关于分类推进人才评价机制改革的指导意见》精神，落实人力资源社会保障部办公厅《关于开展职业技能等级认定试点工作的通知》要求，加快推进职业技能等级认定工作，进一步规范培训管理，提高培训质量，上海职业技能等级认定培训教材编委会组织有关专家编写了企业人力资源管理师职业技能等级认定培训教材（以下简称企业人力资源管理师等级教材）。

企业人力资源管理师等级教材紧贴《企业人力资源管理师国家职业技能标准（2019年版）》要求，在结构上按照职业功能模块编写，不仅有助于读者通过等级认定，而且有助于读者真正掌握本职业的核心技术与操作技能。

企业人力资源管理师等级教材共包括《企业人力资源管理师（四级）》《企业人力资源管理师（三级）》《企业人力资源管理师（二级）》《企业人力资源管理师（一级）》《企业人力资源管理师（四级）辅导练习》《企业人力资源管理师（三级）辅导练习》《企业人力资源管理师（二级）辅导练习》《企业人力资源管理师（一级）辅导练习》8本。《企业人力资源管理师（四级）》《企业人力资源管理师（三级）》《企业人力资源管理师（二级）》《企业人力资源管理师（一级）》内容涵盖了相应级别企业人力资源管理师应掌握的理论知识和操作技能。

企业人力资源管理师等级教材在编写过程中得到了

上海市技师协会等单位的大力支持与协助,在此一并表示衷心的感谢。教材编写是一项探索性工作,由于时间紧迫,不足之处在所难免,欢迎各使用单位及个人对教材提出宝贵意见和建议,以便教材修订时补充更正。

Contents

目录 | 企业人力资源管理师（四级）辅导练习

第一单元　人力资源规划

一、学习要求　　　　　　　　　　　　　　002
二、职业技能等级认定要点　　　　　　　　002
三、练习题　　　　　　　　　　　　　　　003
四、参考答案　　　　　　　　　　　　　　012

第二单元　招聘与配置

一、学习要求　　　　　　　　　　　　　　016
二、职业技能等级认定要点　　　　　　　　016
三、练习题　　　　　　　　　　　　　　　017
四、参考答案　　　　　　　　　　　　　　026

第三单元　培训与开发

一、学习要求　　　　　　　　　　　　　　030
二、职业技能等级认定要点　　　　　　　　030
三、练习题　　　　　　　　　　　　　　　031
四、参考答案　　　　　　　　　　　　　　040

第四单元　绩效管理

一、学习要求　　　　　　　　　　　　　　044
二、职业技能等级认定要点　　　　　　　　044
三、练习题　　　　　　　　　　　　　　　045
四、参考答案　　　　　　　　　　　　　　053

第五单元　薪酬管理

　　一、学习要求　　　　　　　　　　　　056
　　二、职业技能等级认定要点　　　　　　056
　　三、练习题　　　　　　　　　　　　　057
　　四、参考答案　　　　　　　　　　　　065

第六单元　劳动关系管理

　　一、学习要求　　　　　　　　　　　　070
　　二、职业技能等级认定要点　　　　　　070
　　三、练习题　　　　　　　　　　　　　071
　　四、参考答案　　　　　　　　　　　　079

企业人力资源管理师（四级）认定方案　　　082

专业知识模拟试卷（一）　　　　　　　　　083

专业知识模拟试卷（一）参考答案　　　　　096

专业知识模拟试卷（二）　　　　　　　　　097

专业知识模拟试卷（二）参考答案　　　　　110

专业操作模拟试卷　　　　　　　　　　　　111

专业操作模拟试卷参考答案　　　　　　　　113

第一单元

人力资源规划

一、学习要求

通过本单元的学习,学员应掌握人力资源规划和组织的基本理论知识;了解人力资源管理的职能,人力资源规划的内容,以及工作分析的概念、作用、内容和流程;掌握工作分析的基本方法。

二、职业技能等级认定要点

【理论知识部分】

认定范围	认定点	知识点	重要性系数
人力资源规划概述	人力资源管理概述	人力资源基本的概念、构成与分类	5
		人力资源管理的内涵与意义	
		现代人力资源管理与传统人事管理的区别	
		人力资源管理职业的发展	
		人力资源管理的职能	
		人力资源从业者的职业素质要求	
	人力资源规划基础知识	人力资源规划的概念与内容	5
		人力资源信息的收集	
	人力资源信息系统	人力资源管理信息系统的概念	5
		人力资源管理信息系统的发展	
		人力资源管理信息系统的功能层次与应用	
组织和组织结构	组织	组织的本质	5
		组织的基本要素	
	组织结构	组织结构的概念	5
		组织结构的类型	
工作分析基础	工作分析概述	工作分析的概念	9
		工作分析的作用	
		工作分析的内容	
		工作分析的流程	

续表

认定范围	认定点	知识点	重要性系数
工作分析基础	工作分析基本方法	观察法	9
		访谈法	
		问卷调查法	
		关键事件法	
		工作日志法	
		工作实践法	
		交叉反馈法	

【技能部分】

序号	知识点	重要性系数
1	人力资源信息采集	5
2	人力资源信息系统应用	5
3	组织结构图制作	9
4	工作分析	9

三、练习题

【理论知识部分】

◉（一）判断题（下列表述正确的请画"√"，错误的请画"×"）

1. 现代管理学和传统管理学的一个显著区别在于是否承认人力资源在经济发展中的关键作用。（　　）

2. 人力资源包括数量和质量两个方面。（　　）

3. 人力资源的数量是指人力资源所具有的体力、智力、知识和技能水平，以及劳动者的劳动态度。（　　）

4. 人力资源管理是根据企业发展战略的要求，有计划地对人力资源进行合理配置。通过对员工的招聘、培训、使用、考核、激励、调整等一系列过程，调动员工的积极性，发挥员工的潜能，为企业创造价值，给企业带来效益，确保企业战略目标的实现。（　　）

5. 现代人力资源管理和传统人事管理最根本的区别在于前者较后者更具战略性、整

体性和未来性。( )

6. 在现代人力资源管理中，人力资源部是推动企业变革的重要力量。( )
7. 人力资源部门从后台走向前台，成为业务部门不可缺少的参谋与战略合作伙伴。( )
8. 传统人事管理主要集中于企业的人事管理，即按照国家劳动人事政策和上级主管部门发布的劳动人事管理规定、制度对职工进行管理。人事部门基本上没有对人事制度的调整权限。( )
9. 在满足一定条件的前提下，人力资源从业者可以跨部门跨岗位发展。( )
10. 通过员工培训、工作内容丰富化、职业生涯规划与开发，促进员工知识、技能和其他方面素质的提高，达到员工个人和企业共同发展的目的，是人力资源管理的发展职能。( )
11. 通过规划、招聘、考试、测评、选拔获取企业所需人员，是人力资源管理的评估职能。( )
12. 人力资源管理的职能包括获取、整合、保持、平衡、开拓。( )
13. 人力资源管理的整合职能是指通过对企业文化宣传、信息沟通、人际关系和谐、矛盾冲突化解等进行有效整合，使个体的目标、行为、态度趋向企业的要求和理念，形成高度的合作与协调，发挥集体优势，提高企业的生产力和效益。( )
14. 沟通能力是个人素质的重要体现，关系到一个人的知识、能力和品德。( )
15. 人力资源规划是企业根据其发展战略及内外部具体环境的情况，以科学规范的方法进行人力资源需求和供给的分析预测，编制相应的吸引、使用、激励方案，为企业的发展提供其所需要的员工，以完成企业战略目标的过程。( )
16. 人力资源规划为其他人力资源管理工作提供基础资料和基本要求。( )
17. 人力资源业务计划是连接人力资源战略和人力资源具体行动的桥梁。( )
18. 人力资源规划是人力资源部开展工作的前提和依据，收集和提供准确、及时、完整的信息关系到整个人力资源规划的成败。( )
19. 组织计划是从组织上保证人力资源信息收集工作顺利开展的重要依据，进度计划是从时间进度上保证调查工作正常开展的重要依据。( )
20. 普查法可以根据人力资源规划的需要设计调查项目，对相关信息的了解更加全面、详细，对科学地进行人力资源规划十分有利。( )
21. 现代企业管理对人力资源管理信息系统有更多、更深层次的需求。( )
22. 用集成式数据库将所有与人力资源相关的数据（如人员基本信息、招聘、职业规划、绩效评估、培训）统一管理，形成信息源。( )
23. 大数据、人工智能的出现，数字化人力资源管理成为人力资源管理的新手段。( )
24. 随着网络技术的发展，信息系统在招聘、培训、薪酬管理、绩效评估、员工沟通、员工档案信息统计管理等方面得到了广泛应用。( )
25. 组织是协作系统的组成部分，通常情况下，两者有比较明确的界限。( )
26. 一个组织的效率尺度是它生存的能力，也就是它继续为其成员提供使他们的个人

需要得到满足的诱导，以便集体目标得以实现的能力。（　）

27. 根据组织的定义，组织的本质表现为进行协作活动的人组成的系统。在这个系统中，存在个人目标和组织目标，员工个人目标和正式组织的目标往往是不一致的。（　）

28. 对于企业来说，协作系统的社会子系统相当于企业的人事系统。（　）

29. 每个组织成员都具有双重人格，即组织人格和个人人格。（　）

30. 组织人格是个人为了实现组织的共同目标而实施的合乎理性行动的一面。（　）

31. 信息沟通的路线必须尽可能直接或便捷。（　）

32. 正式组织规模越大，其成员的协作意愿越强，因此组织规模能变大。（　）

33. 当组织目标复杂、抽象时，协作性理解和个人性理解经常会发生矛盾。（　）

34. 共同目标是协作意愿的必要前提。（　）

35. 组织结构是组织各部分排列顺序、空间位置、聚散状态、联系方式以及各要素之间相互关系的一种模式，是整个管理系统的"框架"，对工作任务进行分工、分组和协调合作。（　）

36. 流程型材料生产企业（如钢铁、化工等企业）常采用事业部型组织结构。（　）

37. 项目组成员往往由于行政隶属于原职能部门而缺乏一定的责任心，是矩阵型组织结构的缺点之一。（　）

38. 项目负责人责任大于权力，对组内人员没有足够的考核、激励和奖惩手段，是矩阵型组织结构的缺点之一。（　）

39. 工作分析是指收集所有与岗位相关的信息，以科学和系统的方法确定某职务的性质、职责、任务和要求，决定一项工作应包含的工作项目及从事此项工作的必备知识、技术和能力，并提供与职务本身要求相关的其他信息。（　）

40. 员工在职务规定的范围内应尽责尽职、保质保量地完成任务，称为职责。（　）

41. 任务是指为了不同目的所担负和完成的不同工作，即工作活动中达到某一工作目的的要素集合。（　）

42. 任务是对某人做某事的具体描述，即安排一位员工所完成的一项具体工作。（　）

43. 职责是指为了不同目的所担负和完成的不同工作，即工作活动中达到某一工作目的的要素集合。（　）

44. 职业是指个人在社会中所从事的作为主要生活来源的工作。职业由具有共同特点的一组职务组成。（　）

45. 在系统阐述工作分析的基本原理、原则和方法之前，必须明确工作分析引用的各种概念以及与之相关的一些名词术语。（　）

46. 工作过程是指工作任务在岗位之间连续进行的环节，必须明确在部门目标制定—工作任务分解—任务完成的过程中，质量如何控制，最后的结果是否达到了预期。（　）

47. 观察法是指有关人员直接到现场对一个或多个工作人员的操作进行观察，并以文字或图表记录有关的工作内容、工作任务、工作关系、工作环境等信息。（　）

48. 工作分析问卷调查法的调查问卷类别很多，问卷可以分为普遍性问卷和特定问

卷，后者是针对特定员工而设计的。（　　）

49. 关键事件是对工作结果有决定性影响的行为特征或事件（如成功与失败、盈利与亏损、高效与低产等）。（　　）

50. 工作实践法又称工作参与法，是指岗位分析人员直接参与某一岗位的工作，从而细致、全面地体验、了解和分析岗位特征及岗位要求的方法。（　　）

● **（二）单项选择题**（下列每题的选项中，只有1个是正确的，请将其代号填在括号内）

1. 人力资源质量指人力资源所具有的体力、智力、知识和技能水平，以及劳动者的（　　）。
　　A. 情商　　　　B. 人脉关系　　　C. 工作经验　　D. 劳动态度

2. 企业人力资源管理必须促使企业人力资源的数量和结构向符合企业发展需要的方向稳步、渐进地调整，而且要促使员工队伍的年龄、知识结构、（　　）达到最优状态，产生最大的竞争力。
　　A. 学历　　　　B. 能力结构　　　C. 性别　　　　D. 管理结构

3. 员工流入、晋升、流出等会（　　）。
　　A. 导致员工数量减少　　　　　　B. 导致员工数量增加
　　C. 造成人工成本上升　　　　　　D. 影响员工结构变化

4. 随着社会经济和企业管理的发展，（　　）部门成为企业重要的战略部门。
　　A. 市场营销　　B. 战略投资　　　C. 人力资源管理　D. 计划财务

5. 关于现代人力资源管理的表述，正确的是（　　）。
　　A. 现代人力资源管理以事为中心
　　B. 现代人力资源管理把员工视为重要的资源
　　C. 人力资源部没有对人事制度的调整权限
　　D. 现代人力资源管理在企业发挥的作用是业务性和战术性的

6. 人力资源管理是富有（　　）的工作，只有热爱工作内容，才能承受各种压力，才会慢慢感到其中的乐趣。
　　A. 针对性　　　B. 挑战性　　　　C. 独特性　　　D. 决策性

7. 人力资源管理的（　　）包括工作分析、人力资源规划、招聘、选拔等活动。
　　A. 保持职能　　B. 整合职能　　　C. 获取职能　　D. 评估职能

8. 人力资源管理评估职能的核心是（　　）。
　　A. 工作分析　　B. 绩效评估　　　C. 满意度调查　D. 全面考核

9. 通过企业文化宣传、信息沟通、人际关系和谐、矛盾冲突化解等有效整合，使企业内容个体的目标、行为、态度趋向企业的要求和理念，使之形成高度的合作与协调，发挥集体优势，提高企业的生产力和效益，是人力资源管理的（　　）职能。
　　A. 获取　　　　B. 整合　　　　　C. 保持　　　　D. 评价

10. 人力资源规划和企业（　　）是企业其他人力资源管理工作的基础。
　　A. 工作分析　　B. 人才招聘　　　C. 绩效管理　　D. 薪酬管理

11. 从企业的人力资源战略出发，提出对（　　）、人力资源需求、人力资源供给的要求，企业根据这些要求制定人力资源规划。
   A. 企业战略规划   B. 业务经营目标
   C. 人力资源培养能力   D. 绩效考核
12. 职务变动引起的薪酬变化属于（   ）的预算。
   A. 人员使用计划   B. 人才接替和提升计划
   C. 薪资激励计划   D. 劳动关系计划
13. （   ）的目标是降低人才流失、提升士气、改进绩效等。
   A. 人员使用计划   B. 人才接替和提升计划
   C. 薪资激励计划   D. 劳动关系计划
14. 人力资源信息收集的方法主要有普查法、重点调查法、典型调查法、（   ）等。
   A. 抽样调查法   B. 分类统计法   C. 问卷调查法   D. 专家小组法
15. （   ）是获取人力资源全面信息时所采取的调查方法。
   A. 普查法   B. 重点调查法   C. 问卷调查法   D. 分类统计法
16. 人力资源总体规划主要是指在计划期内的总目标、（   ）、实施步骤和总预算安排，是连接人力资源战略和人力资源具体行动的桥梁。
   A. 总政策   B. 总方向   C. 总战略   D. 总发展
17. 如果人力资源规划对象在某些部门比较集中，或者某类人力资源是本次人力资源规划的重点，可以采用（   ）。
   A. 普查法   B. 重点调查法   C. 典型调查法   D. 抽样调查法
18. 人力资源管理信息系统从功能结构上可以分为基础数据层、业务处理层和（   ）。
   A. 具体实施层   B. 技术支持层   C. 决策支持层   D. 服务交付层
19. 协作系统由四个部分构成，即（   ）、物质子系统、人员子系统和社会子系统。
   A. 价值观子系统 B. 组织   C. 团队   D. 非正式组织
20. 组织的一端是共同目标，另一端是参与组织的具有协作意愿的成员，只有通过（   ）把两端连接起来，才能成为有机的整体。
   A. 信息沟通   B. 互相交流   C. 诚信合作   D. 深刻理解
21. （   ）组织结构一般适合产品品种多且变化大的企业或以开发与科学实验研究为主的单位。
   A. 职能型   B. 直线型   C. 事业部型   D. 矩阵型
22. 需要明确工作岗位的职责、需要完成什么任务、工作量是否饱和、员工是否有足够的资源在规定时间内完成工作任务和职责、工作汇报关系是否合理、对岗位的监督检查是否完善等，是工作分析内容中的（   ）。
   A. 工作过程分析   B. 工作权限分析
   C. 工作关系分析   D. 工作任务和职责分析
23. 动态资料包括使用观察法向员工了解工作的内容及其职责，使用岗位分析问卷分析员工（   ）等。
   A. 岗位风险   B. 岗位评估   C. 岗位价值   D. 岗位分析

24. 编制工作说明书时，应阐明工作特征和（　　），与有关的管理者及任职人员讨论工作说明书是否完整、准确、清晰。

　　A. 工作职责　　B. 工作标准　　C. 工作计划　　D. 工作规范

25. （　　）要求分析人员、管理人员、本岗位员工详细记录工作过程中的"关键事件"，在收集大量信息后，对岗位的特征和要求进行分析研究。

　　A. 工作日志法　　B. 关键事件法　　C. 工作实践法　　D. 问卷调查法

● **（三）多项选择题**（下列每题的选项中，至少有2个是正确的，请将其代号填在括号内）

1. 在经济学上，资源是为了创造物质财富而投入生产活动的一切要素，资源包括（　　）等。

　　A. 自然资源　　　　　　　　B. 资本资源
　　C. 人力资源　　　　　　　　D. 人脉资源
　　E. 信息资源

2. 人力资源管理包括一系列管理活动，主要包括人力资源规划、（　　）等。

　　A. 员工招募与配置　　　　　B. 培训与开发
　　C. 绩效管理　　　　　　　　D. 薪酬管理
　　E. 经营计划管理

3. 影响人力资源职业发展的个人因素包括（　　）。

　　A. 自身的兴趣爱好　　　　　B. 自身的性格
　　C. 自身的工作能力　　　　　D. 自身的职业心态
　　E. 自身的专业基础

4. 人力资源管理职业的发展方向包括（　　）。

　　A. 在人力资源部发展　　　　B. 跨部门跨岗位发展
　　C. 向人力资源的外延职业发展　　D. 向人力资源专家发展
　　E. 跨界发展

5. 人力资源从业者的职业素质要求包括（　　）。

　　A. 扎实的人力资源专业知识　　B. 人力资源专业教育背景
　　C. 丰富的其他领域相关专业知识　　D. 正确的职业价值观
　　E. 基本的工作能力

6. 人力资源管理人员除了具备合理的知识结构、先进的人力资源管理理念，还应具备基本的工作能力，包括写作能力、（　　）、沟通能力。

　　A. 组织能力　　　　　　　　B. 表达能力
　　C. 观察能力　　　　　　　　D. 应变能力
　　E. 联想能力

7. 人力资源规划的实质是促进企业实现目标，因此其必须具有（　　），要体现企业的发展要求。

　　A. 战略性　　　　　　　　　B. 前瞻性

C. 目标性 D. 创新性
E. 针对性

8. 人力资源管理的保持职能包括（ ）等。
   A. 公平的报酬 B. 有效沟通与参与
   C. 融洽的劳资关系 D. 良好的工作环境
   E. 畅通的内部晋升通道

9. 进行人力资源信息收集的步骤包括（ ）。
   A. 确定收集目的 B. 确定收集对象
   C. 拟定调查提纲 D. 确定实施计划
   E. 进行数据分析

10. 进行人力资源普查时要做到（ ）。
    A. 统一调查时点 B. 统一调查期限
    C. 统一调查项目 D. 统一调查方法
    E. 统一调查步骤

11. 信源的可靠与否直接关系到人力资源信息的可靠程度，人力资源的信源可分为（ ）。
    A. 文档信源 B. 数据库信源
    C. 权威机构信源 D. 网络信源
    E. 基础信源

12. 一套典型的人力资源管理信息系统从功能结构上可分为（ ）等。
    A. 基础数据层 B. 业务处理层
    C. 决策支持层 D. 管理实施层
    E. 网络实施层

13. 组织中信息沟通遵循的原则包括（ ）。
    A. 使信息沟通的渠道惯例化，即尽可能固定化
    B. 每一个人必须与组织有明确的正式关系
    C. 信息沟通中各级管理人员必须称职，具有综合的工作能力
    D. 每一个信息沟通都必须是有权威的
    E. 当组织在执行职能时，信息沟通的路线不能中断

14. 组织的基本要素包括（ ）。
    A. 协作愿意 B. 共同目标
    C. 信息沟通 D. 经费保障
    E. 团队精神

15. 企业组织结构设置包括（ ）设置。
    A. 单位 B. 部门
    C. 岗位 D. 名称
    E. 职责

16. 企业员工劳动报酬的高低主要取决于其（ ）以及劳动环境的优劣。

A. 工作性质　　　　　　　　　B. 工作繁简难易程度
C. 劳动强度　　　　　　　　　D. 工作负荷
E. 责任大小

17. 企业内部组织的类型分为（　　）。
A. 直线型　　　　　　　　　　B. 职能型
C. 直线－职能型　　　　　　　D. 事业部型
E. 矩阵型

18. 工作分析的作用包括（　　）。
A. 是企业招收、选拔和使用员工的基本前提
B. 为贯彻按劳分配原则、公平合理地支付劳动报酬提供了可靠的保证
C. 为企业准确编制劳动计划、核算成本提供了依据
D. 使员工明确自己的职责
E. 可应用于工作和组织设计

19. 工作分析内容主要包括工作任务和职责分析、（　　）等。
A. 工作过程分析　　　　　　　B. 工作投入和产出分析
C. 工作权限分析　　　　　　　D. 工作关系分析
E. 工作环境条件分析

20. 工作分析流程包括明确工作分析的目的和任务、（　　）等。
A. 收集信息资料　　　　　　　B. 调研工作现场
C. 分析信息资料　　　　　　　D. 编制工作说明书
E. 定期复盘

21. 观察法的步骤包括（　　）。
A. 初步了解工作信息　　　　　B. 进行面谈
C. 合并工作信息　　　　　　　D. 核实工作描述
E. 编制工作计划

22. 常用的工作分析信息收集方法包括观察法、访谈法、（　　）等。
A. 问卷调查法　　　　　　　　B. 关键事件法
C. 工作日志法　　　　　　　　D. 工作实践法
E. 交叉反馈法

23. 访谈法在获得信息时应当做好记录，记录时应遵守的准则包括（　　）。
A. 及时记录员工表述的内容
B. 使用某种类型的速记
C. 在访谈结束后，及时整理记录的内容
D. 回顾访谈内容
E. 做好回访工作

24. 关键事件法是要求（　　）详细记录工作过程中的"关键事件"，在收集大量信息后，对岗位的特征和要求进行分析研究的方法。
A. 分析人员　　　　　　　　　B. 管理人员

  C. 本岗位员工   D. 外部专家
  E. 公司领导

25. 工作实践法又称工作参与法，该方法只适用于（　　）。
  A. 短期内可掌握的工作   B. 专业性不是很强的岗位
  C. 需要进行训练或有危险性的工作   D. 工作流程清晰的岗位
  E. 专业技术岗位

【技能部分】

案例 1

案例背景

  A 公司是一家中等规模的传统制造企业，随着业务的发展、公司员工的不断增加，对人力资源管理提出了更高的要求。

  人力资源部在公司内部开展了一些调研工作，调研结果显示，目前主要存在以下问题。

  1. 公司在应对突发公共卫生安全事件等特殊情况时，没有充分准备，在居家办公、信息传递、基础人力资源服务提供等方面存在很多不足。

  2. 人力资源部历年来积累了很多资料，查找费时、费力，同时也存在很多人力资源信息的缺失。

  3. 人力资源部员工日常事务性工作较多，其他部门员工需要咨询问题时经常找不到人，电话经常忙线或者没人接听。

  4. 薪酬发放采取手工操作，经常出错。

  5. 招聘中简历、面试信息的整理没有规范的流程，手工处理效率低下，占据大量时间。

  为此，人力资源部计划建立公司人力资源管理信息系统，以解决目前的管理问题。

案例思考

1. 该公司建设人力资源管理信息系统应把重点放在哪些层次的功能结构上？（9分）
2. 简述人力资源管理信息系统的应用。（16分）

案例 2

案例背景

  B 公司是一家工业设备制造公司，长期以来一直采用直线－职能型组织结构。经过十几年的发展，公司从一家小厂发展成一家颇具知名度的中型公司。为进一步拓展市场，公司决定通过兼并收购来扩展产品线，增加市场占比。2 年前，公司收购了一家经营困难的环保设备制造公司，并对其进行技术和产品改造，拟通过这家公司进入环保设备市场。

  但收购后各种管理问题陆续出现，并没有达到预期目标。除人员结构不够合理需要进行调整外，两家公司的管理人员在日常沟通合作上也出现了一系列问题。公司高层分析研究后认为，目前公司主要产品和市场相互之间关联度较低，之前的组织结构不适应业务发展，更适合采用独立核算的事业部型组织结构,因此决定先进行组织结构调整,再进行人员结构调整。

案例思考

1. 该公司目前采用直线–职能型组织结构存在什么问题?(10分)
2. 请阐述事业部型组织结构的优缺点。(15分)

四、参考答案

【理论知识部分】

(一)判断题

1.√	2.√	3.×	4.√	5.√	6.√	7.√	8.√	9.√	10.√
11.×	12.×	13.√	14.√	15.√	16.×	17.×	18.×	19.√	20.√
21.√	22.√	23.√	24.√	25.×	26.√	27.√	28.×	29.√	30.√
31.√	32.×	33.√	34.√	35.√	36.√	37.√	38.√	39.√	40.√
41.√	42.√	43.×	44.√	45.√	46.√	47.√	48.×	49.√	50.√

(二)单项选择题

1.D	2.B	3.D	4.C	5.B	6.B	7.C	8.B	9.B	10.A
11.C	12.B	13.C	14.A	15.A	16.A	17.B	18.C	19.B	20.A
21.D	22.D	23.C	24.D	25.B					

(三)多项选择题

1. ABCE	2. ABCD	3. ABCD	4. ABCD	5. ACDE
6. ABCD	7. ABC	8. ABCD	9. ABCD	10. ABCDE
11. ABCD	12. ABC	13. ABCDE	14. ABC	15. ABC
16. ABCDE	17. ABCDE	18. ABCDE	19. ABCDE	20. ABCDE
21. ABCD	22. ABCDE	23. ABC	24. ABC	25. AB

【技能部分】

案例1

答题思路

1. 该公司建设人力资源管理信息系统在功能结构上的重点层次(9分)

(1)基础数据层。(4分)

(2)业务处理层。(5分)

2. 人力资源管理信息系统的应用(16分)

(1)招聘。(2分)

（2）培训。（3分）

（3）薪酬福利。（2分）

（4）绩效评估。（3分）

（5）员工沟通。（3分）

（6）员工档案信息统计管理。（3分）

案例 2

答题思路

1. 该公司采用直线-职能型组织结构存在的问题（10分）

（1）同职能部门之间缺乏信息交流，意见不统一。（3分）

（2）缺乏全局观念，管理层协调复杂，工作量大。（3分）

（3）两家公司的文化差异和管理习惯存在差异，导致沟通不顺畅。（4分）

2. 事业部型组织结构的优缺点（15分）

（1）优点

1）该结构适用于跨行业产品类别或跨地区生产经营的公司，独立核算，自负盈亏。（3分）

2）公司高层可以摆脱日常烦琐事务缠身的困扰，集中精力考虑企业经营和长远发展战略。（3分）

3）各事业部自主性强，工作积极性高，有利于人才脱颖而出。（3分）

（2）缺点

1）公司职能部门与事业部之间经常会有矛盾。（3分）

2）事业部之间协作难度大。（3分）

第二单元

招聘与配置

一、学习要求

通过本单元的学习，学员应掌握人员招聘的相关知识，掌握人员招聘的基本实施流程，招聘需求采集、整理和发布方法，能够进行人员初选、简历与应聘申请表甄选、面试、背景调查，并掌握校园招聘的方法、流程和实施步骤。

二、职业技能等级认定要点

【理论知识部分】

认定范围	认定点	知识点	重要性系数
人员招聘概述	人员招聘的概念、意义与基本原则	人员招聘的概念	9
		人员招聘的意义	
		人员招聘的基本原则	
	人员招聘基本流程	准备阶段	9
		招募阶段	
		甄选阶段	
		录用阶段	
		评估阶段	
	招聘需求信息	招聘需求信息的采集与整理	5
		招聘需求信息的发布	
招聘初选	人员初选	人员初选的意义	9
		人员初选的方法	
	简历与应聘申请表甄选	应聘申请表的特点和内容	5
		简历与应聘申请表的甄选办法	
	面试	面试的含义与特点	9
		面试的主要类型	
		面试的内容	
		面试的准备	
	背景调查	背景调查的作用	5
		背景调查的类型和内容	
		背景调查的实施	

续表

认定范围	认定点	知识点	重要性系数
校园招聘	校园招聘的概念与特点	校园招聘的概念	9
		校园招聘的特点	
	校园招聘的主要方式	各种校园活动	5
		学生直接去企业实践	
		奖学金制度与联合办学	
	校园招聘的实施	招聘准备	9
		招聘实施	
		应届生接收与跟踪引导	

【技能部分】

序号	知识点	重要性系数
1	招聘需求信息的采集与整理	9
2	招聘信息的发布	5
3	简历与申请表的筛选	9
4	面试的组织准备	9
5	人员的背景调查	5
6	校园招聘的组织管理	9

三、练习题

【理论知识部分】

● (一) 判断题（下列表述正确的请画"√"，错误的请画"×"）

1. 招聘工作是后续人力资源管理工作开展的基础，影响其他业务的开展效果。（　　）
2. 人员招聘是企业基于生存和发展的需要，根据企业人力资源规划和工作分析的数量与质量要求，采用一定的方法吸纳或寻找具备任职资格和条件的求职者，并采取科学有效的选拔方法，筛选出符合本企业所需的合格人才，并予以聘用的管理活动。（　　）
3. 人员招聘管理属于人力资源输出环节。（　　）
4. 企业通过人才招聘活动，在招收到所需要人才的同时，也能通过招聘工作的运作和招聘人员的素质向外界展示企业良好的形象。（　　）
5. 人力资源为第一资源，拥有一支数量充足的高素质员工队伍已经成为决定企业生

存和发展的关键因素。（　）

6. 有效的招聘可以推进组织内部合理的人员竞争意识和主动精神，通过合理的流动，增强员工的危机感，刺激员工内在潜力的发挥，有效地进行人员优化配置。（　）

7. 企业间的商业竞争，更大意义上是一场人才的竞争。（　）

8. 能岗匹配原则是指尽可能以最低的招聘费用录用到高素质、适合企业需要的人员。（　）

9. 公平公正竞争原则是指企业可以按照自己的愿望自主地选择自己所需要的员工，而劳动者也完全可以按照自己的条件与要求自由地选择企业。（　）

10. 新技术的运用使招聘筛选和面试的时间越来越少，花费越来越少，筛选和面试的要求越来越严格。（　）

11. 整个招聘过程是一个完整的、系统的、程序化的、循环的操作过程，大致可以分为准备、招募、甄选、录用、评估五个阶段。（　）

12. 人力资源规划和人力资源预算管理是人员招聘的两项基础性工作，也是人力资源管理的基础。（　）

13. 基于胜任能力的工作分析侧重研究工作绩效差的员工，应结合这些人的特征和行为定义这一工作岗位的职责和内容。（　）

14. 人员招聘准备阶段的工作目标是有针对性地提出具体的招聘需求，这些工作的有机结合使招聘工作的科学性、准确性和持续性大大加强，为后续工作指明了方向。（　）

15. 人员招聘招募阶段的工作目标是科学分析应聘者的综合素质，运用性价比最高的测评技术有效识别和评估应聘者，为最后的录用决策提供有效信息。（　）

16. 人员招聘甄选阶段的工作目标是科学分析应聘者的综合素质，运用性价比最高的测评技术有效识别和评估应聘者，为最后的录用决策提供有效信息。（　）

17. 人员招聘录用阶段的工作目标是通过一系列规范的流程，完成对合适人员的录用，从而实现招聘的目标。（　）

18. 人员招聘评估阶段的工作目标是总结本次招聘工作的有效经验，发现过程中的不足，并为以后的招聘提出改进和完善的建议，不断提高招聘的效率和效果。（　）

19. 通过任职资格可以了解岗位工作信息的具体说明，包括工作职责、工作内容、工作要求、工作权限、工作条件等。（　）

20. 当用人部门提出招聘需求时，人力资源部的招聘负责人和用人部门的上级主管需要对招聘需求进行分析和判断。（　）

21. 由人力资源部与用人部门、职能部门对现有的人力资源情况进行科学评估。根据评估结果，了解目前人力资源的短缺程度，包括数量、结构等方面，以确定未来的招聘需求。（　）

22. 招聘需求信息的整理包括对招聘需求信息进行分类、记录、保存、打印。（　）

23. 一般而言，中层以下的岗位由人力资源部和需招聘人员部门的主管商榷后决定。（　）

24. 招聘信息发布的范围是由招聘对象的范围决定的。发布信息的面越广，即"人才蓄水池"的容量越大，招聘到合适人选的概率越高，费用会相应降低。（　）

25. 一般来说，如果条件允许，发布招聘信息的面越广，接收到该信息的人越多，应聘的人也越多，这样可能招聘到合适人选的概率越高。（　　）

26. 在条件允许的情况下，应该尽早发布招聘信息，这样有利于缩短招聘进程，而且有利于更多的人获取信息，增加应聘人数。（　　）

27. 招聘人员都是处在社会的某一层次的，要根据招聘岗位的特点，向特定层次的人员发布招聘信息。例如，招聘科技人员的企业可以在科技报刊上刊登招聘信息。（　　）

28. 人员选拔是指从应聘者中选出企业所需要的人员，包括资格审查、背景调查、初选、面试、其他测试、体检、个人资料核实等一系列活动。（　　）

29. 人员选拔可分为挑选和精选两个阶段。（　　）

30. 背景调查是通过应聘者提供的证明人或工作单位收集的信息来核实其个人资料的评测方法。全面审核应聘者的所有资料，有助于为企业挑选合格的候选人。（　　）

31. 在对简历和应聘申请表进行甄选后、决定面试前，可以通过电话甄选对应聘者进行访谈。（　　）

32. 在应聘申请表中，个人基本资料包括姓名、性别、年龄、籍贯、联络地址及电话、个人邮箱等。（　　）

33. 随着网络招聘的广泛应用，越来越多的企业开始利用计算机进行自动甄选。但计算机无法评估一些主观信息，因此甄选质量要比人工甄选低，可以作为人工甄选的辅助手段。（　　）

34. 经过精心设计的应聘申请表结构合理，布局简洁，可以节省甄选时间，加快预选速度，是迅速、公正、准确获取应聘者有效资料的办法。（　　）

35. 面试根据场景的不同可以分为狭义的面试和广义的面试两种。（　　）

36. 面试是通过面对面观察、交流等双向沟通方式，使应聘者能够了解更全面的企业信息，更是企业了解应聘者素质状况、能力特征、应聘动机等信息的一种测评技术。（　　）

37. 行为描述式面试是基于行为的连贯性原理发展起来的面试，是一种采取专门设计的问题来了解应聘者过去在特定情况下的行为的结构化面试方式。（　　）

38. 非结构化面试对面试的构成要素不做任何具体的规定，无固定模式，事先无须做太多准备，主面试官只要掌握岗位的基本情况即可提出一些探索性、无限制的问题。（　　）

39. 心理面试通过向应聘者提供一种场景，来观察应聘者的行为反应。（　　）

40. 面试是常用的人员甄选方法，适用于所有招聘的岗位，因为能考查到应聘者所有的能力和素质。（　　）

41. 招聘团队以人力资源部门为主，并吸收有关部门人员参加，用人部门的意见将在很大程度上起决定性作用。（　　）

42. 进行电话访谈，一是确认应聘者的应聘材料和简历中的信息，初步了解应聘者的职业兴趣和相关素质是否与应聘岗位相符；二是确定正式面试的时间和地点。（　　）

43. 由于面试没有标准答案，所以评分往往带有一定的主观性，为了使面试评分尽量客观，在设计评分量表时，应使评分具有一个确定的计分幅度及评价标准。（　　）

44. 通过背景调查可以了解应聘者在以往工作中有无违纪等道德风险事件，降低录用风险。（   ）

45. 进行背景调查时，应聘者原先的直接领导提供的材料有很强的参考价值。（   ）

46. 电话调查的优点是快捷、便利，可以在很短的时间内掌握应聘者的基本情况；缺点是受时间限制，获得的信息量较小。（   ）

47. 在大多数情况下，背景调查由人力资源部负责实施，对于一些高级岗位或很难获取信息的岗位可以委托中介机构进行，注意选择具有良好声誉的中介机构，明确提出需要调查的项目和时限。（   ）

48. 应届毕业生充满朝气、可塑性强、发展潜力大，是就业市场上的生力军，是企业获取新鲜人力资源的源泉。越来越多的企业将目光瞄准校园，展开各式各样的校园招募活动，以此作为获取人才的主渠道之一。（   ）

49. 校园招聘形式不断推陈出新，丰富多样，形成校园中的人才竞争态势。企业通过组织一些职业技能或者商业大赛，模拟实际商业项目的运作，吸引大批学生报名参加，让优秀的人才在竞赛中脱颖而出。（   ）

50. 联合办学培养的人才在毕业后可全部来到该企业工作，企业不仅出资还提供专业实习基地，这种方式通常适合各种专业人才的培养。（   ）

（二）单项选择题（下列每题的选项中，只有1个是正确的，请将其代号填在括号内）

1. 人员招聘管理是人力资源管理的重要部分，属于人力资源（   ）。
   A. 录用环节   B. 宣传环节   C. 输入环节   D. 规划环节

2. 对高层管理者和核心技术人员的成功招聘，可以为企业注入新的管理思想，开启新的工作模式，体现了人员招聘（   ）的意义。
   A. 提高企业工作绩效   B. 给企业带来活力
   C. 增强凝聚力   D. 提高企业知名度

3. 有效的招聘可以推进企业内部合理的人员竞争意识和主动精神，体现了人员招聘（   ）的意义。
   A. 提高企业工作绩效   B. 给企业带来活力
   C. 增强凝聚力   D. 促进合理流动，优化资源配置

4. 对高层管理者和（   ）的成功招聘，可以为企业注入新的管理思想、开启新的工作模式，可能给企业带来技术上的重大革新，为企业增添新的活力。
   A. 部门经理   B. 核心技术人员
   C. 一线员工   D. 人力资源管理者

5. 企业可以按照自己的意愿自主选择需要的员工，而劳动者也完全可以按照自己的条件和要求自由选择企业，体现了人员招聘（   ）的基本原则。
   A. 公平公开竞争   B. 双向选择
   C. 能岗匹配   D. 效率优先

6. 招聘过程中坚持根据岗位任职要求，确定关键胜任力素质模型，以此作为衡量人才（   ）的标准，保证招聘工作的有效性。

A. 匹配度　　　　B. 适合度　　　　C. 敬业度　　　　D. 胜任力

7. 在人员招聘中，传统的工作分析通过一系列前期研究获得的结果包括岗位说明书和（　　）。

　　A. 工作职责　　　B. 工作活动　　　C. 岗位配置　　　D. 工作规范

8. 人员招聘有两项基础性工作——人力资源规划和（　　），这两项工作也是人力资源管理中的基础工作。

　　A. 岗位设置　　　　　　　　　　　B. 工作分析
　　C. 薪酬结构设置　　　　　　　　　D. 招聘策略

9. （　　）不属于人员招聘甄选阶段的工作。

　　A. 背景调查　　　　　　　　　　　B. 选择招聘渠道
　　C. 面试　　　　　　　　　　　　　D. 性格测试

10. 人员录用主要包括办理（　　）、合同签订、员工试用、正式录用。

　　A. 录用通知　　　　　　　　　　　B. 录用手续
　　C. 新员工培训　　　　　　　　　　D. 确定岗位

11. 通过工作描述可以了解岗位工作信息的具体说明，包括工作职责、工作内容、工作要求、（　　）、工作条件等。

　　A. 工作经验　　　　　　　　　　　B. 所需的知识技能
　　C. 身体条件　　　　　　　　　　　D. 工作权限

12. 企业实际工作的需要和业务的变化会导致人员需求的一定变化，对于这些需求变化情况，往往需要（　　）根据对实际情况的分析迅速做出决定。

　　A. 人力资源部　　　　　　　　　　B. 用人部门
　　C. 用人部门和人力资源部　　　　　D. 公司分管领导

13. 中层管理人员以上的职位一般由（　　）批准。

　　A. 企业高层　　　　　　　　　　　B. 人力资源部负责人
　　C. 人力资源部和用人部门负责人　　D. 用人部门负责人

14. （　　）不属于内部招聘。

　　A. 岗位公告　　B. 岗位竞聘　　C. 部门推荐　　D. 专业机构招聘

15. 人员初选基本以（　　）作为测评的基础。

　　A. 笔试成绩　　　　　　　　　　　B. 体检结果
　　C. 面试结果　　　　　　　　　　　D. 求职者提供的书面信息

16. 应聘申请表的基本内容不包括（　　）。

　　A. 个人基本资料　　　　　　　　　B. 教育与培训经历
　　C. 工作经历　　　　　　　　　　　D. 推荐信

17. 审查应聘者的工作经历、个人成绩，要特别注意描述的条理性和逻辑性、工作时间的连贯性，注意是否有矛盾的地方，这些指的是甄选简历和应聘申请表时（　　）的要求。

　　A. 评估简历整体印象
　　B. 结合招聘岗位要求查看应聘者的基本条件

C. 全面审查简历中的逻辑性

D. 查看主观内容

18. 面试官可以根据不同的要求，对应聘者提出各种问题，有时在某一个方面可以连续提多个问题，以全面深入地了解应聘者，这体现了面试的（　　）特点。

　　A. 灵活性　　　B. 双向性　　　C. 直观性　　　D. 全面性

19. 行为描述式面试是基于行为的连贯性原理发展起来的面试方式，是一种采用专门设计的问题来（　　）的结构化面试方法。

　　A. 了解应聘者过去在特定情况下的行为

　　B. 了解应聘者在设定情景下如何反应

　　C. 预测应聘者未来对特定情况的反应

　　D. 评价应聘者的某种心理素质与空缺职位所期望的行为模式进行比较

20. 面试问话提纲是根据所选择的评价要素及从不同侧面了解的应聘者背景信息而预先设计的，其由两部分组成：一是通用问话提纲，二是（　　）。

　　A. 专业技术问话提纲　　　　B. 重点问话提纲

　　C. 问话提纲参考答案　　　　D. 针对性问话提纲

21. 为了使面试评分尽量客观，在设计评价量表时，应使评分具有一个确定的计分幅度及（　　）。

　　A. 评价标准　　　B. 评价要素　　　C. 评价维度　　　D. 评价意见

22. 从应聘者以前就职的企业处了解其任期、岗位、工作部门、工作业绩、能力等信息，用以确认其工作经验的（　　）。

　　A. 适用性　　　B. 匹配性　　　C. 连贯性　　　D. 真实性

23. 招聘小组根据企业批准的招聘计划、历年接收的各校毕业生情况、（　　）、各校往年毕业生在企业的表现等，选定相应的高校。

　　A. 各高校校园招聘价格　　　B. 各高校毕业生起薪水平

　　C. 本年度各校生源状况　　　D. 各高校毕业生社会口碑

24. 由于应届毕业生没有工作经验，因此对他们的面试重点在于考查其（　　），即对潜质进行考查。

　　A. 管理能力　　　B. 专业知识　　　C. 基本素质　　　D. 学习能力

25. 校园招聘中面试合格的人员可以确定为拟录用对象，根据应届生招聘的相关规定签订（　　）。

　　A. 劳动合同　　　B. 三方协议　　　C. 录用通知　　　D. 签约协议

（三）多项选择题（下列每题的选项中，至少有2个是正确的，请将其代号填在括号内）

1. 人员招聘是一项经济活动，也是一项社会性、政策性很强的活动，在任何企业中，为了最大可能保证招聘工作的有效性，必须遵循（　　）原则。

　　A. 双向选择　　　　　　　B. 公平公开竞争

　　C. 能岗匹配　　　　　　　D. 效率优先

　　E. 自愿

2. 为了保证人员招聘的有效性，必须遵循（　　）等基本原则。
   A. 公平公开竞争　　　　　　　　B. 双向选择
   C. 最优录用　　　　　　　　　　D. 成本优先
   E. 遵守行业规范

3. （　　）属于人员招聘基本流程。
   A. 宣传阶段　　　　　　　　　　B. 招募阶段
   C. 测评阶段　　　　　　　　　　D. 录用阶段
   E. 入职培训阶段

4. 招募阶段是在准备阶段的基础上，结合企业内外部的环境，制订符合企业实际情况的具体的、可行的招聘计划，（　　）等。
   A. 明确招聘策略　　　　　　　　B. 选择合适的招聘渠道
   C. 构建专业的招聘团队　　　　　D. 发布有效的招聘信息
   E. 进行简历筛选

5. 录用阶段是对应聘者甄选阶段测评的结果进行分析、确定入职者的过程，人员录用主要包括（　　）。
   A. 办理录用手续　　　　　　　　B. 合同的签订
   C. 员工的试用　　　　　　　　　D. 正式录用
   E. 评估招聘效果

6. 为了进一步提高招聘工作的质量，招聘评估包括（　　）。
   A. 招聘结果的成效评估　　　　　B. 录用员工数量与质量的评估
   C. 招聘方法的成效评估　　　　　D. 招聘需求的评估
   E. 招聘计划的评估

7. 甄选阶段是对招募阶段获取的应聘者进行甄别和甄选的过程。这一过程主要由个人履历／申请表筛选、（　　）等环节组成。
   A. 背景调查　　　　　　　　　　B. 面试
   C. 能力与个性测验　　　　　　　D. 情境性测评
   E. 知识技能考试

8. 招聘需求信息发布的原则是（　　）。
   A. 面广原则　　　　　　　　　　B. 合法原则
   C. 层次原则　　　　　　　　　　D. 及时原则
   E. 公开原则

9. 招聘需求信息的内容包括（　　）。
   A. 空缺岗位　　　　　　　　　　B. 工作描述
   C. 任职资格　　　　　　　　　　D. 岗位说明书
   E. 学历要求

10. 招聘需求信息产生的原因主要包括（　　）。
    A. 自然减员　　　　　　　　　　B. 企业业务量的变化或业务范围的拓展
    C. 企业结构、经营业务的调整　　D. 员工内部调动

E. 员工绩效考核低于预期

11. 高级管理人员和专家一般（　　）招聘。
    A. 在全国范围内	B. 可以跨国
    C. 在行业范围内	D. 在专家人才库中
    E. 通过人才中介机构

12. 根据面试借助的介质划分，面试可以分为（　　）。
    A. 普通面试——不借助任何介质或媒介，面试双方在同一房间内进行的面试
    B. 可视电话面试——双方通过可视电话进行的面试
    C. 网络（电子）面试——双方借助网络进行的面试
    D. 其他面试——除以上三种面试形式的面试，如通过闭路电视等设备进行的面试
    E. 面对面交流

13. 面试的准备工作包括资料准备、（　　）等。
    A. 成立招聘面试小组	B. 电话通知和筛选应聘者
    C. 面试场地的选择与布置	D. 面试评价量表和面试问话提纲的设计
    E. 背景调查

14. 以调查的对象和内容进行分类，背景调查可以分为（　　）。
    A. 证明人核实	B. 证照核实
    C. 培训核实	D. 组织核实
    E. 调查核实

15. 背景调查的作用包括（　　）等。
    A. 核实个人简历中的信息	B. 核查应聘者有无过失或严重违纪的行为
    C. 获取应聘者简历以外的信息	D. 预测应聘者的将来绩效
    E. 形成企业招聘流程的闭环

16. 背景调查一般包括（　　）。
    A. 电话调查	B. 问卷调查
    C. 网络调查	D. 委托调查机构操作
    E. 同事调查

17. 背景调查的内容一般包括（　　）等。
    A. 教育和专业培训背景	B. 职业资格或职业技能认证的信息
    C. 工作岗位、经验和成就	D. 与前雇主的劳动关系是否终结
    E. 社会保险缴纳信息

18. 一般通过（　　）等途径获取背景调查的内容。
    A. 学校学籍管理部门	B. 应聘者以往任职企业
    C. 档案管理部门	D. 应聘者接触的客户或者合作机构
    E. 应聘者的家人

19. 在做员工背景调查时要注意保护被调查者的隐私、尊重被调查者，同时调查时尽可能听取多方意见，确保调查结果（　　）。
    A. 合理	B. 合法

C. 客观   D. 有效
E. 有无严重违纪行为

20. 从应聘者以前就职的企业处了解其（　　）等信息，以确认其工作经验的真实性。
    A. 任期   B. 岗位
    C. 工作部门   D. 工作业绩
    E. 能力

21. 应届毕业生（　　），是就业市场上的生力军，是企业获取新鲜人力资源的源泉。
    A. 充满朝气   B. 可塑性强
    C. 发展潜力大   D. 专业性强
    E. 服从性强

22. 校园招聘的主要方式有（　　）。
    A. 各种校园活动   B. 学生直接去企业中实践
    C. 奖学金制度或者联合办学   D. 组织参观企业
    E. 岗位见习

23. 校园招聘的实施准备工作包括（　　）。
    A. 确定招聘岗位和人数   B. 成立招聘小组
    C. 联系招聘学校   D. 准备相关资料
    E. 组织培训交流

24. 校园招聘的测试与面试强调准确有效、简便易行，主要考查应聘者的（　　）。
    A. 专业知识   B. 分析问题和解决问题的能力
    C. 性格特点、沟通协调等能力   D. 创新能力
    E. 组织能力

25. 对校园招聘工作进行总结和评估，评估的主要指标包括（　　）。
    A. 招聘人员的数量是否达到计划的目标
    B. 录用人员的素质是否符合企业的要求
    C. 招聘的成本是否控制在预算之内
    D. 校园招聘方案设计是否符合需求
    E. 是否和相关企业达成校企合作意向

【技能部分】

案例 1

案例背景

C 公司是一家新媒体设计公司，自成立以来借助传统互联网平台和新媒体新势力获得了大量商业机会。人才储备成为公司未来发展的战略问题，基于此，人力资源部制定了未来 5 年的人力资源规划。根据规划，除近期从社会招聘一批业内人才之外，将建立长期的校园招聘机制，从各对口院校招聘一批有潜质的应届毕业生作为管培生，满足公司长期业务发展的需求。

人力资源部张经理接受了任务，在部门内组织专题讨论，分析讨论校园招聘宜采取的主要方式，如何提高校园招聘效果，如何与各高校建立长期合作关系等，最终向公司提供了完善的校园招聘计划。

案例思考

1. 校园招聘的主要方式有哪些？（9分）
2. 该公司应该如何实施招聘？（16分）

案例2

案例背景

D公司是一家零售创新企业，创始人经营管理有方，员工齐心协力，几年来公司发展迅速。由于业务量激增，财务部需要招聘一名有行业经验的财务经理。

人力资源部接到任务，立即启动了招聘，通过多种招聘渠道，很快就安排了一名财务经理候选人来公司面试。人力资源部负责招聘的王经理提前约了财务总监一起面试。

候选人按时来到公司，但财务总监临时需要处理业务，王经理只好让候选人先在会议室等候，顺便填写个人资料。过了一会儿，财务总监带着马会计来找王经理，说自己处理业务还需要一定时间，不能让候选人干等着，就让熟悉公司业务和财务工作的马会计来做面试官。

事发突然，王经理只能和马会计一起对候选人进行面试。整个面试过程中，主要是王经理在提问，马会计仅问了几个无关痛痒的专业问题。面试结束后，马会计和王经理交流了几句，说他临时担任面试官，没有面试提纲不知道该问些什么；另外，这个候选人极有可能以后是自己的领导，他也不便对这位将来的领导"发难"。

案例思考

1. 该公司在招聘面试过程中存在哪些问题？（9分）
2. 招聘面试应做好哪些准备工作？（16分）

四、参考答案

【理论知识部分】

（一）判断题

1. √ 2. √ 3. × 4. √ 5. √ 6. √ 7. √ 8. × 9. × 10. ×
11. √ 12. × 13. × 14. √ 15. × 16. √ 17. √ 18. √ 19. × 20. √
21. √ 22. √ 23. √ 24. × 25. √ 26. √ 27. √ 28. √ 29. × 30. √
31. √ 32. √ 33. √ 34. √ 35. √ 36. √ 37. √ 38. √ 39. × 40. ×
41. √ 42. √ 43. √ 44. √ 45. √ 46. √ 47. √ 48. √ 49. √ 50. ×

（二）单项选择题

1. C 2. B 3. D 4. B 5. B 6. A 7. D 8. B 9. B 10. B

11. D 12. C 13. A 14. D 15. D 16. D 17. C 18. A 19. A 20. B
21. A 22. D 23. C 24. C 25. B

（三）多项选择题

1. ABCD	2. AB	3. BD	4. ABCD	5. ABCD
6. ABC	7. ABCDE	8. ACD	9. ABC	10. ABC
11. AB	12. ABCD	13. ABCD	14. ABC	15. ABCD
16. ABCD	17. ABC	18. ABCD	19. ABCD	20. ABCDE
21. ABC	22. ABC	23. ABCD	24. ABC	25. ABC

【技能部分】

案例1

答题思路

1. 校园招聘的主要方式（9分）
（1）各种校园活动（校园招聘演讲会、企业品牌宣讲会、校园竞赛等）。（3分）
（2）学生直接去企业中实践（工作实习、参观访问等）。（3分）
（3）奖学金制度与联合办学。（3分）

2. 该公司应该实施招聘的流程（16分）
（1）发布招聘信息。（4分）
（2）收集和筛选应聘资料。（4分）
（3）测试与面试。（4分）
（4）录用。（4分）

案例2

答题思路

1. 该公司在招聘面试过程中存在的问题（9分）
（1）面试官的选择过于随意。（3分）
（2）没有对面试官进行培训。（3分）
（3）没有准备好面试提纲和面试评价表。（3分）

2. 招聘面试准备（16分）
（1）成立招聘面试小组。（3分）
（2）资料准备。（3分）
（3）面试场所的选择与布置。（3分）
（4）电话通知和筛选应聘者。（3分）
（5）面试评价表和面试提纲的设计。（4分）

第三单元

培训与开发

一、学习要求

通过本单元的学习,学员应掌握培训与开发的概念、类型和意义;掌握培训与开发的操作技能,包括培训的流程与方式、各阶段的工作内容与注意事项;掌握新员工入职培训的知识与技能。

二、职业技能等级认定要点

【理论知识部分】

认定范围	认定点	知识点	重要性系数
培训与开发概述	培训与开发基础	培训与开发的概念	9
		培训与开发的异同	
		培训与开发的原则	
		培训与开发的类型	
		培训与开发的作用	
	培训体系	培训体系的概念	9
		培训体系的构成	
		培训体系建设的原则	
		培训体系建设方案的设计	
	培训的基本流程	分析培训需求	9
		确立培训目标	
		制订培训计划	
		实施培训计划	
		评估培训效果	
培训实施	培训实施各阶段的工作	培训实施前的准备工作	9
		培训过程工作	
		培训收尾工作	
	培训方法与应用	信息传递式培训方法及其应用	5
		模拟式培训方法及其应用	
		在岗式培训方法及其应用	
		基于新技术的培训方法及其应用	

续表

认定范围	认定点	知识点	重要性系数
新员工入职培训	新员工入职培训概述	新员工入职培训的含义	9
		新员工入职培训的意义	
		新员工入职培训的内容	
		新员工入职培训的方法	
	新员工入职培训的流程	新员工入职培训的计划阶段	9
		新员工入职培训的组织实施阶段	
		新员工入职培训的跟踪评估阶段	

【技能部分】

序号	知识点	重要性系数
1	员工培训组织管理	9
2	培训需求信息采集	5
3	培训效果信息采集	5
4	新员工入职培训管理	9

三、练习题

【理论知识部分】

● (一) 判断题（下列表述正确的请画"√"，错误的请画"×"）

1. 人力资源开发活动包含在职体验。　　　　　　　　　　　　　　　(　　)
2. 开发是给新员工或现有员工传授其完成本职工作所必需的基本技能。(　　)
3. 培训主要是指管理开发，指一切通过传授知识、转变观念或提高技能来改善当前或未来管理工作绩效的活动。　　　　　　　　　　　　　　　　　　(　　)
4. 在一定意义上，培训与开发是同等的概念，将它们划分为两个不同的阶段，两者之间侧重点相同。　　　　　　　　　　　　　　　　　　　　　　　(　　)
5. 信念、价值观的培训难度高于知识技能的培训。　　　　　　　　　(　　)
6. 强化是结合反馈对接受培训人员的奖励和惩罚，应该在培训结束后马上进行，上岗工作中则不需要进行。　　　　　　　　　　　　　　　　　　　　　(　　)
7. 按培训对象分，培训可分为决策人员培训、管理人员培训、技术人员培训、业务人员培训和操作人员培训。　　　　　　　　　　　　　　　　　　　　(　　)
8. 为了统一管理，针对各类培训对象的培训内容应一致，但培训方式要根据不同对

象有所不同。 （   ）

9. 态度培训主要培养员工与公司相互间的认同感、信任感，培养员工对公司的忠诚心，以及完成工作应当具备的心理素质等。 （   ）

10. 知识培训使员工掌握完成本职工作所必备的技能，如谈判技能、操作技能、人际关系技能等。 （   ）

11. 技能培训使员工掌握完成本职工作所必备的技能，如操作技能、人际关系技能等。 （   ）

12. 培训与开发对企业管理者的作用包括改善工作质量、减少事故、提高生产率等。 （   ）

13. 培训管理体系包括培训制度、培训政策、培训评估体系、培训预算及费用管理等一系列与培训相关的制度。 （   ）

14. 培训实施体系包括培训的跟踪与评估、培训预算与费用管理。 （   ）

15. 动态培训课程是随着企事业管理和科技发展的动态过程，并结合发展目标和竞争战略做出培训分析，以保证员工能力进一步提升的培训内容。 （   ）

16. 培训师的来源包括外部聘用和企业内部培养，企业内部需要制定培训师制度规范，对师资队伍加以管理。 （   ）

17. 个人分析就是试图确定培训的内容，即员工达到令人满意的工作绩效所必须掌握的知识与技能。 （   ）

18. 工作分析就是确定每一个员工完成所承担工作任务的效果。一般来讲，实际工作绩效与理想工作绩效之间的差别即是培训需求。 （   ）

19. 培训需求分析中，企业分析主要包括企业目标和企业战略分析、企业外部环境和企业内部环境分析等。 （   ）

20. 培训活动中的首要环节是确定培训目标。 （   ）

21. 在培训需求分析的基础上，平衡企业与员工的需求和意愿，尽可能地使之趋于一致，形成企业的员工培训需求总体分析。 （   ）

22. 培训目标是指培训活动的目的和预期效果。 （   ）

23. 有了培训目标，才能确定培训对象、内容、方法等具体工作，并在培训之后对照此目标进行培训效果评估。 （   ）

24. 培训目标的设立要注意与企业的宗旨相容，与企业长远目标相吻合，对企业部门可以起到工作指南作用。 （   ）

25. 企业急需原则是指企业的关键技术人员和管理人员、企业关键性项目的参加人员应首先予以培训。 （   ）

26. 培训效果评估是培训系统的可选项目之一，可为今后培训提供支持，如果不实施也不影响培训。 （   ）

27. 培训项目小组成员分工中，培训主管负责培训讲义的准备、培训要求的传达、培训反馈的整理。 （   ）

28. 培训项目小组由人力资源部负责人和负责培训的人力资源工作人员构成。 （   ）

29. 培训教室的座位安排对培训师与学员、学员与学员之间是否能够很好地交流有间

接作用。( )

30. 在培训过程中,为了不干扰教学,培训组织者不要与培训师沟通培训的优缺点、学员反映的情况等。( )

31. 为了保证培训时间进度,不影响其他的培训课程,即使学员对现场培训意犹未尽,也不能采取延长培训时间、安排课下座谈研讨等形式来调整课程安排。( )

32. 越来越多的企业把员工培训视为一种软性的企业福利。( )

33. 讲授法是利用现代视听技术传递信息,对员工进行培训,是一种常见的培训方法。( )

34. 研讨法是对讲授内容的必要补充,使讲授内容更加接近工作实际。( )

35. 按照不同的分类标志,员工培训与开发可以按培训内容、培训性质等分类。( )

36. 案例研究法是一种信息传递式培训方法。( )

37. 游戏法的优点是有利于训练态度仪容和言谈举止等人际关系技能。( )

38. 陈述和分析人们如何使用一项具体技能和帮助人们提高或改善其工作绩效的过程,是师徒制培训方式。( )

39. 在岗式培训的特点是将学习与工作融为一体,很容易解决培训中许多根本性的问题。( )

40. 角色扮演法是指给团队或工作群体一个实际工作中所面临的问题,让团队队员合作解决并制订行动计划,再由他们负责实施该计划的培训方式。( )

41. 行动学习法是情景模拟式培训方法。( )

42. 入职培训主要针对首次参加工作的应届毕业生。( )

43. 新员工培训与开发又称职前教育,对新员工来说是一个从局外人转变为企业人的过程。( )

44. 新员工既包括应届毕业生,也包括在其他企业或组织工作过的员工。( )

45. 新员工引导要给新员工提供有关组织的基本背景情况、人员关系、工作内容、规章制度、组织期望等内容。( )

46. 入职培训做得不好,将会导致新员工无法有效地融入新的环境,使他们产生距离感。( )

47. 依据入职培训的目的,制订入职培训的具体计划,并报请企业领导层审查,经批准后方可实施。( )

48. 在进行新员工入职培训时,人力资源部执行特定性指导,对企业相关的政策制度与规定进行介绍。( )

49. 在新员工培训中,同事职责与上下级关系是由人力资源部进行指导的。( )

50. 入职培训的反应层次评估侧重对企业文化、工作安全知识等方面的理解和掌握情况。( )

(二) 单项选择题（下列每题的选项中，只有1个是正确的，请将其代号填在括号内）

1. 在职体验属于（　　）。
   A. 人力资源规划　　　　　　　B. 人力资源培训
   C. 人力资源评估　　　　　　　D. 人力资源开发

2. 一个组织不仅岗位繁多、员工水平参差不齐，而且员工在人格、智力、兴趣、经验和技能方面均存在着差异，因此培训中要遵循（　　）原则。
   A. 战略性　　　B. 学以致用　　　C. 因人施教　　　D. 主动参与

3. 培训体系必须根据企业的发展战略和目标进行及时调整，这体现了培训体系建设需要遵循（　　）原则。
   A. 基于战略　　　B. 动态开放　　　C. 保持均衡　　　D. 全员参与

4. 培训需求分析包括企业分析、工作分析、（　　）等。
   A. 战略分析　　　B. 课程分析　　　C. 部门分析　　　D. 个人分析

5. 企业的培训需求分析一般包括：调查现状（1）；预测企业未来的人力资源需求（2）；确定人力资源培训的项目和主要内容（3）；确定参加培训的总体人数（4）。先后顺序是（　　）。
   A. 1234　　　B. 2134　　　C. 3214　　　D. 4123

6. 确定培训对象一般应当依据企业急需原则、关键性原则和（　　）。
   A. 合理性原则　　　B. 可行性原则　　　C. 合适性原则　　　D. 长远性原则

7. 技术短训班和管理知识技能短训班属于（　　）。
   A. 员工在职培训　　　　　　　B. 员工离职培训
   C. 员工入职培训　　　　　　　D. 员工技能培训

8. 培训小组的组长一般是（　　）。
   A. 人力资源部经理　　　　　　B. 公司主管领导
   C. 人力资源部培训主管　　　　D. 首席培训师

9. 在培训座位布置时，双U形座位布局常应用于（　　）的情况。
   A. 以学员为中心　　　　　　　B. 以培训师为中心
   C. 培训师与学员双向沟通协调　D. 任意培训形式

10. 培训开发者通过一定方式将培训开发信息（知识、技能和解决问题的方法等）传递给培训对象，使培训对象能够接收和吸收这些信息，这是（　　）培训方法。
    A. 信息传递式　　　　　　　　B. 模拟式
    C. 在岗式　　　　　　　　　　D. 基于新技术的

11. 将培训对象置于模拟的现实情景中，让他们依据模拟的现实工作环境做出及时的反应，分析在该环境中可能出现的各种问题，培养分析问题和解决问题的能力，这是（　　）培训方法。
    A. 信息传递式　　　B. 模拟式　　　C. 在岗式　　　D. 基于新技术的

12. （　　）比较适宜管理人员的培训开发或用于解决某些有一定难度的管理问题，如战略决策、领导艺术等内容的培训开发。

A. 讲授法　　　　B. 视听法　　　　C. 研讨法　　　　D. 案例研究法

13. 案例研究法的目的是训练员工具有良好的分析能力、解决问题能力和决策能力，帮助员工学习如何在紧急状况下处理各类事件，适用于（　　）的培训。

　　A. 信息技术工程师　　　　　　B. 企业管理人员
　　C. 企业离退休人员　　　　　　D. 驾驶员

14. （　　）一般不适宜使用角色扮演法进行培训。
　　A. 呼叫中心服务员　　　　　　B. 销售人员
　　C. 管理人员　　　　　　　　　D. 信息技术工程师

15. 教练法属于（　　）培训方法。
　　A. 信息传递式　　B. 模拟式　　C. 在岗式　　D. 基于新技术的

16. 将员工轮换到另一个同等水平、技术要求接近的工作岗位上工作的培训方式是（　　）。
　　A. 工作轮换法　　B. 教练法　　C. 角色扮演法　　D. 行动学习法

17. 给团队或工作群体一个实际工作中所面临的问题，让团队成员合作解决并制订行动计划，再由他们负责实施该计划的培训方式是（　　）。
　　A. 工作轮换法　　B. 教练法　　C. 角色扮演法　　D. 行动学习法

18. 实现培训内容向工作技能转化的有效培训方式是（　　）。
　　A. 讲授法　　　　B. 研讨法　　C. 游戏法　　D. 行动学习法

19. 多媒体培训属于（　　）培训方法。
　　A. 信息传递式　　B. 模拟式　　C. 在岗式　　D. 基于新技术的

20. 在培训方式中，电子学习的特点是（　　）。
　　A. 情感沟通强　　B. 成本高　　C. 不宜管理　　D. 效率高

21. 新员工来到企业后需要进行入职培训，也称（　　）。
　　A. 新员工沟通　　　　　　　　B. 新员工引导
　　C. 新员工教育　　　　　　　　D. 新员工管理

22. 新员工引导是一种组织社会化过程，是一个不断向新员工灌输企业所期望的主要态度、标准、价值观、（　　）等的持续过程。
　　A. 绩效要求　　B. 岗位职责　　C. 行为模式　　D. 企业文化

23. 新员工培训开发的具体内容很广泛，主要归纳为企业基本情况及工作基础知识、部门和岗位职责、（　　）等。
　　A. 薪酬　　　　　　　　　　　B. 企业文化
　　C. 上下级关系　　　　　　　　D. 公司经营目标

24. 入职培训中的企业基本情况、工作基础知识培训内容不包括（　　）。
　　A. 企业结构与部门职责　　　　B. 产品及市场
　　C. 着装与化妆　　　　　　　　D. 学历培训

25. 新员工培训时，新员工直属上级提供指导时一般采用的形式是（　　）。
　　A. 员工自习　　　　　　　　　B. 导师辅导
　　C. 集中授课　　　　　　　　　D. 小型座谈会

（三）多项选择题（下列每题的选项中，至少有2个是正确的，请将其代号填在括号内）

1. 人力资源培训需要综合考虑的发展目标包括（　　）。
   A. 团队发展目标　　　　　　　B. 企业发展目标
   C. 个人发展目标　　　　　　　D. 社会发展目标
   E. 家庭发展目标

2. 企业组织员工培训可采用的方法包括授课法、参观访问法、（　　）。
   A. 头脑风暴法　　　　　　　　B. 研讨会法
   C. 工作轮换法　　　　　　　　D. 事务处理法
   E. 情景模拟法

3. 培训与开发对员工的作用有（　　）。
   A. 增强就业能力　　　　　　　B. 增加获得较高收入的机会
   C. 增加职业稳定性　　　　　　D. 提升竞争力
   E. 有效解决企业问题

4. 在进行培训体系建设时需要考虑（　　）之间的不同，针对性地设置相应的培训课程。
   A. 新员工　　　　　　　　　　B. 一般员工
   C. 初级管理者　　　　　　　　D. 中级管理者
   E. 高级管理者

5. 一个完整的培训流程通常应包括培训需求分析、确立培训目标、（　　）等步骤。
   A. 制订培训计划　　　　　　　B. 实施培训计划
   C. 申请培训经费　　　　　　　D. 评价培训效果
   E. 结束培训

6. 员工个人的培训需求分析一般包括（　　）等。
   A. 员工培训意向调查　　　　　B. 评估分析员工的工作行为
   C. 评估分析员工的培训意向　　D. 分析员工的绩效结果
   E. 分析竞争对手同等岗位的培训内容

7. 确定培训目标一般包括（　　）。
   A. 说明企业战略目标　　　　　B. 说明员工应该做什么
   C. 阐明可接受的绩效水平　　　D. 受训者完成指定学习成果的条件
   E. 培训后奖惩的方式

8. 进行培训各类事项的准备是培训准备工作的重要环节，包括（　　），以及培训前与培训师联系、有关资料的编印等。
   A. 确认和通知学员　　　　　　B. 培训设备检查
   C. 培训场地选择　　　　　　　D. 培训时间确定
   E. 现场签到

9. 进行培训准备时，需要编印的资料包括（　　）等。

A. 培训课程和日程安排　　　　B. 培训生活须知
   C. 分组讨论的编组名单　　　　D. 培训手册及其他培训材料
   E. 员工手册
10. 培训实施过程的工作主要包括学员报到、（　　）等。
   A. 培训沟通协调　　　　　　　B. 培训评估
   C. 培训后勤安排　　　　　　　D. 维持培训秩序
   E. 培训接送
11. 培训实施过程中，组织者要做的沟通协调工作主要有（　　）。
   A. 及时了解学员兴奋点并及时反馈给培训师
   B. 把握主题方向
   C. 把握课程节奏
   D. 协调培训形式
   E. 酬谢培训人员
12. 在培训的收尾阶段，需要注意做好（　　）等工作。
   A. 听取培训人员和受训人员的改进意见
   B. 在受训者培训记录或人事档案中记录课程结果
   C. 酬谢培训人员
   D. 进行培训总结，以便进一步调整和完善培训系统
   E. 安排学员返程
13. 企业需要规避的培训后的风险包括（　　）。
   A. 培训后员工的流失　　　　　B. 培训后技术的流失
   C. 培训教材的泄露　　　　　　D. 培训师泄露企业业务情报
   E. 培训现场发生伤害事故
14. 不适宜使用讲授法的情形包括（　　）。
   A. 教学的目标在于形成技能
   B. 强调短期保持
   C. 学习材料复杂、精细或抽象
   D. 需要学习者参与才能达到教学目标
   E. 入职培训
15. 模拟式培训方法包括（　　）等。
   A. 案例研究法　　　　　　　　B. 视听法
   C. 角色扮演法　　　　　　　　D. 行动学习法
   E. 讲授法
16. 角色扮演法适用范围比较大，可应用于训练态度、仪容和言谈举止等人际关系技能，如（　　）等基本技能的学习和提高。
   A. 电话应对　　　　　　　　　B. 生产工艺提升
   C. 销售技术　　　　　　　　　D. 业务会谈
   E. 了解公司规章制度

17. 在岗式培训方法包括（　　）。
    A. 工作轮换法　　　　　　　　B. 角色扮演法
    C. 游戏法　　　　　　　　　　D. 行动学习法
    E. 教练法

18. 关于行动学习法的描述，正确的是（　　）。
    A. 给予学员在工作中运用新方法和新技能解决实际问题的机会
    B. 行动学习法也可以是一种独立的培训方式
    C. 行动学习法是其他培训方法的一种有效的辅助方法
    D. 行动学习法在实践中具有一定的困难
    E. 集中团队成员采用师徒法解决现实问题

19. 工作轮换法的优点包括（　　）。
    A. 有利于促进员工对企业不同部门的了解
    B. 有利于提高员工的工作技能
    C. 有利于部门之间的了解和合作
    D. 有利于增加员工的工作满意度
    E. 有利于降低用工成本

20. 基于新技术的培训方法包括（　　）等。
    A. 以计算机为基础的培训　　　B. 视听法
    C. 多媒体培训　　　　　　　　D. 行动学习法
    E. 研讨式培训

21. 电子学习的优点包括（　　）等。
    A. 大众化与个性化兼容　　　　B. 高效率和低成本
    C. 可跟踪，易管理　　　　　　D. 适用于所有人群
    E. 可以模拟现实场景

22. 入职培训的意义包括（　　）等。
    A. 减少新员工的压力及焦虑感　B. 帮助新员工尽快实现"组织社会化"
    C. 有助于增进新员工的认同感　D. 避免新员工成为企业内部的"外人"
    E. 了解正确的上下级关系

23. 企业文化培训包含（　　）。
    A. 企业使命　　　　　　　　　B. 企业愿景
    C. 价值观　　　　　　　　　　D. 公司经营目标
    E. 企业薪酬制度

24. 公司在每次新员工入职培训后都必须对入职培训做系统的评估，从入职培训的（　　）进行系统的跟踪评估。
    A. 反应层面　　　　　　　　　B. 学习层面
    C. 考试层面　　　　　　　　　D. 行为层面
    E. 绩效层面

25. 新员工培训时，学习层面的评估应侧重在（　　）等方面。

A. 企业纪律 B. 岗位行为规范
C. 工作安全知识 D. 培训安排高效
E. 培训激发新员工兴趣

【技能部分】

案例 1

案例背景

因业务发展需要，E 公司为售后服务部新招聘了一名售后工程师小林，人力资源部要求售后服务部对小林开展岗前新员工培训。售后服务部王经理指派了一位资深老员工作为小林的带教老师。

带教老师因为经常出外勤，就给了小林一些技术资料和售后服务规章制度，让小林先自学，等他空闲的时候再指导小林。转眼一个月过去了，公司安排小林去处理一些基础的售后服务工作。

不久，公司收到不少客户对小林的投诉，认为他不专业、服务差、解决不了问题。小林也一肚子委屈，觉得自己已经很努力了，带教老师没怎么指导自己，都是自己在努力摸索和学习。

案例思考

1. 该公司的新员工培训缺少哪些内容？（10 分）
2. 新员工入职培训有哪些流程？（15 分）

案例 2

案例背景

李平原来是一家中型国有企业的培训主管，有多年的培训经验，经猎头介绍，跳槽到一家成立时间不长的互联网企业。

李平入职后走访了各个部门，了解管理层和普通员工对于培训的想法，听取他们的建议，发现员工比较年轻、好学、充满活力。因为公司之前很少组织培训，大家对于系统化的培训十分支持，表示会积极参加。

经过调研，李平制订并提交了培训计划，很快得到了批准。李平请外部培训机构为公司定制了"沟通金字塔原理"课程，参与培训的人员都很满意。

培训结束两周后，总经理和李平讨论公司的培训工作，要求其提交一份培训效果评估报告。李平向部分参与培训的学员了解培训效果。大家普遍夸赞老师上课生动有趣，自己很受启发，但是并未体现在自身工作行为的改进上，没有解决与其他部门交流中遇到的问题，整体上没有明显提高沟通能力，也没有明显提升工作效率。

案例思考

1. 李平在做培训需求分析时缺少哪些内容？（9 分）
2. 培训需求分析应包括哪些步骤？（16 分）

四、参考答案

【理论知识部分】

（一）判断题

1. √ 2. × 3. × 4. × 5. √ 6. × 7. √ 8. × 9. √ 10. ×
11. √ 12. √ 13. √ 14. × 15. √ 16. √ 17. × 18. × 19. √ 20. ×
21. √ 22. √ 23. √ 24. √ 25. × 26. × 27. × 28. × 29. × 30. ×
31. × 32. √ 33. × 34. √ 35. √ 36. × 37. × 38. × 39. √ 40. ×
41. × 42. × 43. √ 44. √ 45. √ 46. √ 47. √ 48. × 49. × 50. ×

（二）单项选择题

1. D 2. C 3. B 4. D 5. A 6. D 7. A 8. A 9. C 10. A
11. B 12. C 13. B 14. D 15. C 16. A 17. D 18. D 19. D 20. D
21. B 22. C 23. B 24. D 25. B

（三）多项选择题

1. BC   2. ABCDE   3. ABCD   4. ABCDE   5. ABD
6. ABC   7. BCD   8. ABC   9. ABCD   10. ACD
11. ABCD   12. ABCD   13. AB   14. ACD   15. AC
16. ACD   17. ADE   18. ABD   19. ABCD   20. AC
21. ABC   22. ABC   23. ABC   24. ABDE   25. ABC

【技能部分】

案例1

答题思路

1. 该公司新员工培训缺少的内容（10分）
（1）企业文化。（3分）
（2）企业基本情况培训。（4分）
（3）部门和岗位职责。（3分）

2. 新员工入职培训的流程（15分）
（1）计划阶段。（5分）
（2）组织实施阶段。（5分）
（3）跟踪评估阶段。（5分）

案例 2

答题思路

1. 李平在做培训需求分析时缺少的内容（9分）

（1）企业分析。（4分）

（2）工作分析。（5分）

2. 培训需求分析的一般步骤（16分）

（1）调查现状，即通过历史资料分析、问卷调查、人员访谈等方法，了解企业现有的人力资源状况，尤其是人力资源素质状况。（4分）

（2）预测企业未来的人力资源需求，包括不同层次、不同类别的人力资源需求。（4分）

（3）综合分析现有的人力资源供求情况，确定人力资源培训的项目和主要内容。（4分）

（4）做出培训费用和预期收益测算，确定参加培训的总体人数。（4分）

第四单元

绩效管理

一、学习要求

通过本单元的学习，学员应掌握绩效管理的概念、内容和基本流程，了解绩效评估的内容、原则和方法，了解绩效评估与绩效管理的关系，掌握绩效信息收集和绩效评估的实施步骤。

二、职业技能等级认定要点

【理论知识部分】

认定范围	认定点	知识点	重要性系数
绩效管理概述	绩效与绩效管理	绩效	5
		绩效管理	
	绩效管理流程	绩效计划	9
		绩效实施	
		绩效评估	
		绩效反馈	
		绩效结果应用	
绩效信息管理	绩效信息收集	收集绩效信息的目的	5
		绩效信息收集的内容与来源	
		绩效信息收集的方法	
		绩效信息收集的注意事项	
	绩效信息整理	定性资料的整理	5
		定量资料的整理	
		绩效信息的档案管理	
绩效评估	绩效评估概述	绩效评估的内容	9
		绩效评估的原则	
		绩效评估的要素	
		绩效管理与绩效评估的关系	
	绩效评估实施	绩效评估方法	9
		绩效评估表的编制	
		绩效评估的实施步骤	
		绩效评估过程中的沟通	

【技能部分】

序号	知识点	重要性系数
1	绩效评估表制作	9
2	绩效评估信息的采集与管理	9
3	绩效评估过程组织实施	5

三、练习题

【理论知识部分】

● (一) 判断题（下列表述正确的请画"√"，错误的请画"×"）

1. 绩效是组织期望的结果，是组织为实现其目标而展现在不同层面上的有效输出。
（　）
2. 需要从多个方面去分析与评估绩效，是绩效的多因性特点。（　）
3. 绩效管理的最终目的在于绩效评估。（　）
4. 绩效管理具有多变性特点。（　）
5. 绩效管理既是目标管理，也是过程管理。（　）
6. 绩效管理的作用要同时从企业的角度和员工的角度来阐述。（　）
7. 绩效计划作为绩效管理流程的第一个环节，是绩效管理实施的关键和基础。（　）
8. 整个绩效实现过程中需要持续地进行绩效沟通。（　）
9. 绩效实施是一个按事先确定的工作目标及其衡量标准，考查员工实际完成的绩效情况的过程。（　）
10. 绩效管理不仅关注最终任务完成情况、目标完成情况、结果或产出，同时还关注绩效形成过程。（　）
11. 绩效管理结束的标志是完成绩效评估。（　）
12. 工作行为评估是针对员工在绩效周期内表现出来的具体的行为态度进行的。（　）
13. 绩效结果的一个重要应用是为员工进行度身定制的培训。（　）
14. 一般来说，绩效评估结果越出色，所得的绩效工资越高。（　）
15. 在绩效反馈面谈时，员工可以提出自己在完成绩效目标中遇到的困难，请求上级指导。（　）
16. 客观、公正的绩效评估不能凭感觉进行，必须具备充足有效的信息。（　）
17. 绩效信息非常重要，可以利用记录在案的事实依据作为仲裁的信息来源，这些记录既可以保护企业的利益，也可以保护当事员工的利益。（　）
18. 为了确保绩效评估的准确性，工作信息收集应该面面俱到，不能有遗漏。（　）
19. 工作记录法是绩效评估者通过感官或仪器设备，有目的、有计划地考查被评估者的行为表现，从而得出评估绩效的方法。（　）

20. 绩效信息收集的各种方法存在一定的局限性，因此可以综合运用各种绩效信息收集的方法，当然也要考虑收集的成本和效率。（   ）
21. 绩效信息收集采用问卷调查法时，要注意多以开放性问题为主。（   ）
22. 为了获取完整、有效、准确的信息，绩效信息收集问卷要包含尽可能详尽的问题。（   ）
23. 在收集绩效信息之前，一定要明确收集信息的目的。（   ）
24. 资料归档就是对收集到的原始资料进行检查、分类和简化，使之系统化、条理化，为进一步分析提供条件。（   ）
25. 效度审查就是审查收集到的材料对于分析所研究的问题有效的程度。（   ）
26. 在绩效信息整理时，要查看资料是否真实可靠地反映了调查对象的客观情况，这属于真实性审查。（   ）
27. 定性资料的来源一般有两个：一是从调查中得到的材料，二是从文献资料中得到的材料。（   ）
28. 在整理绩效资料时，资料的信度审查内容包括填报的资料是否准确，计算方法是否统一等。（   ）
29. 在整理绩效资料时，资料的统一性审查内容包括填报的资料是否准确，计算方法是否统一等。（   ）
30. 员工对正式绩效文档内容有不同意见时，管理者需要在文档中另附上员工的意见。（   ）
31. 绩效文档所包含的重要的、必要的信息需要事无巨细、一字不落地记录，便于后续查询。（   ）
32. 绩效评估作为一种衡量、评估、影响组织、团队和个人工作表现的正式系统，可以起到检查及控制的作用，找出组织、团队和个人的不足并督促其改进，从而使组织、团队和个人，乃至社会都受益。（   ）
33. 绩效能力评估主要体现在两个方面：常识、专业知识和其他相关知识，技能、技术和技巧。（   ）
34. 绩效评估的客观性原则要求管理者向被管理者明确说明绩效管理的标准、程序、方法、时间等事宜，使绩效管理有透明度。（   ）
35. 引导员工向希望的方向努力是绩效评估的发展性原则。（   ）
36. 任何评估都要以事实为依据是绩效评估的客观性原则。（   ）
37. 绩效管理要做到以事实为依据，对被管理者的任何评估都应有事实根据，避免主观臆断和个人感情色彩，这是绩效评估的差别性原则。（   ）
38. 企业绩效评估的评估主体是企业外部出资者。（   ）
39. 对于企业绩效、部门绩效乃至员工绩效的评估指标都是通过对于组织而言的关键成功要素的层层分解而产生的。（   ）
40. 绩效评估标准是指用于评估对象绩效优劣的标准，选择什么样的标准取决于评估目的。（   ）
41. 绩效评估就是狭义的绩效管理。（   ）

42. 与传统的绩效评估相比，绩效管理是一个更加完整、科学的概念，而绩效评估则是构成绩效管理流程中的环节之一。（　　）

43. 如果一个部门的员工都十分优秀，则强制分布法未必合适。（　　）

44. 简单排序法和间隔排列法都会使工作团队的关系陷入紧张之中。（　　）

45. 由于操作烦琐，配对比较法不适合人数较多的部门。（　　）

46. 绩效评估表是用来进行绩效信息采集、分析和统计的载体，根据绩效评估方式的不同，可以呈现不同的形式。（　　）

47. 绩效评估表编制要根据评估对象的工作内容、特点及性质展开，不同的评估目的需要设置不同的评估内容。（　　）

48. 绩效评估按评估周期分为定期评估和不定期评估。（　　）

49. 企业在实践中，一旦设定了定期评估，一般不鼓励上下级之间进行不定期评估。（　　）

50. 绩效评估前，沟通和培训一般召集技术骨干参与。（　　）

（二）单项选择题（下列每题的选项中，只有1个是正确的，请将其代号填在括号内）

1. 绩效是组织期望的结果，包括个人绩效和（　　）两个方面。
   A. 企业绩效　　　B. 部门绩效　　　C. 团队绩效　　　D. 社会绩效

2. 一个员工绩效的优劣并不取决于单一因素，是绩效的（　　）特点。
   A. 多因性　　　B. 多维性　　　C. 动态性　　　D. 可变性

3. 从员工发展的角度来看，绩效管理的作用不包括（　　）。
   A. 提高员工的工作绩效　　　B. 加强员工的自我管理
   C. 发掘员工的潜能　　　D. 为干部后备队伍的建设提供依据

4. 绩效管理使个人目标、部门目标和企业目标保持高度一致，体现了绩效管理体系是以（　　）的角度设计的。
   A. 企业发展战略　　　B. 员工发展目标
   C. 部门发展方向　　　D. 企业经营目的

5. 在绩效计划阶段，管理者和（　　）的共同参与是进行绩效管理的基础。
   A. 直线部门经理　　　B. 人力资源部经理
   C. 人力资源部主管　　　D. 一般员工

6. （　　）是对考核期内员工工作目标实现程度的测量和评价。
   A. 工作行为考核　　　B. 工作结果考核
   C. 评估标准　　　D. 绩效实施

7. 经过多次绩效考核后，员工的业绩始终没有改善，如果确实是员工本身工作态度不端正，经过多次提醒和警告都无济于事，则管理者可以考虑对其进行（　　）。
   A. 解雇　　　B. 培训
   C. 工作岗位调整　　　D. 绩效评价

8. 进行绩效管理的目的是改进和提高员工的绩效并解决问题，但是要解决问题必须知道两件事，即（　　）和是什么原因引起了这些（个）问题。

A. 如何解决这些（个）问题
B. 存在什么问题
C. 这些（个）问题会产生什么后果
D. 怎么发现这些（个）问题

9. 进行绩效信息的记录和收集可以积累（　　）。
   A. 员工的想法　　　　　　　　B. 绩效的标准
   C. 突出绩效表现的关键事件　　D. 与员工沟通的技巧

10. （　　）不是常用的绩效信息来源。
    A. 生产作业记录　　　　B. 定期检查记录
    C. 主管备忘录　　　　　D. 员工信息表

11. 在绩效信息收集时，应注意信息的准确性和（　　）。
    A. 规范性　　B. 时效性　　C. 系统性　　D. 结构性

12. （　　）最大的特点是整个过程中访谈者与被访谈者相互影响、相互作用。
    A. 问卷调查法　　　B. 工作记录法
    C. 访谈法　　　　　D. 观察法

13. 某些绩效不能通过直接观察得到，也难以通过日常工作记录来获取，这时可以采用（　　）。
    A. 问卷调查法　　B. 访谈法　　C. 观察法　　D. 他人反馈法

14. 收集绩效信息时，要收集的信息应该围绕（　　）和结果的事实，而不是对事实的主观判断和推测。
    A. 结果好坏　　B. 绩效行为　　C. 考核标准　　D. 信息来源

15. 以下属于绩效定性资料的是（　　）。
    A. 问卷　　　　　　　　B. 绩效统计
    C. 员工出勤统计　　　　D. 非结构访谈和观察记录

16. 定量资料的来源一般有两个：一是从实地调查得来的材料，二是（　　）。
    A. 通过他人反馈获得的材料　　B. 从文献资料中得到的材料
    C. 从网络获取的材料　　　　　D. 统计资料

17. 对定量资料的审查主要集中在完整性、统一性和（　　）。
    A. 准确性　　B. 合格性　　C. 系统性　　D. 可信性

18. 下列关于绩效信息归档管理的描述，不正确的是（　　）。
    A. 所有正式绩效记录都必须由员工和经理双方签字
    B. 员工签字即表示同意其中的内容
    C. 员工有不同意见，管理者需要在文档中附上员工的意见
    D. 员工有权对文档发表意见

19. （　　）是工作能力向工作业绩转换的媒介，在很大程度上决定了能力向业绩的转化。
    A. 工作行为　　B. 工作潜力　　C. 工作态度　　D. 工作职责

20. 绩效管理要做到以事实为依据，对被管理者的任何评估都应有事实根据，避免主观臆断和个人感情色彩，这是绩效评估的（　　）原则。

A. 公开性　　　B. 差别性　　　C. 客观性　　　D. 发展性
21. 绩效评估对象一般包括企业绩效和（　　）。
    A. 部门绩效　　B. 团队绩效　　C. 员工绩效　　D. 社会绩效
22. 设计企业绩效评估体系的关键依据是（　　）。
    A. 员工素质要素　　　　　B. 生产销售要素
    C. 企业业务要素　　　　　D. 关键成功要素
23. 员工的绩效评估标准可以根据不同评估内容分为业绩评估指标、工作态度评估指标和（　　）评估指标。
    A. 工作强度　　B. 工作性质　　C. 工作责任　　D. 工作能力
24. 把每个员工与其他员工一一比较，把其中表现好的记"＋"，表现不好的记"－"。完成所有比较后，得到每个员工总分的方法是（　　）。
    A. 间隔排序法　B. 简单排序法　C. 配对比较法　D. 人物比较法
25. （　　）作为绩效管理的重要环节，需要全员参与。
    A. 评估前沟通和培训　　　B. 绩效评估
    C. 评估信息记录　　　　　D. 评估结果分析和统计

● （三）多项选择题（下列每题的选项中，至少有2个是正确的，请将其代号填在括号内）

1. 绩效具有（　　）的特点。
   A. 多因性　　　　　B. 动态性
   C. 多维性　　　　　D. 多变性
   E. 量化性

2. 绩效管理的含义包括绩效管理是一个过程、（　　）等方面。
   A. 绩效管理就是绩效考核
   B. 绩效管理注重持续的沟通
   C. 绩效管理的最终目的在于绩效改进
   D. 绩效管理是一个结果
   E. 绩效管理是狭义的绩效评估

3. 从企业的角度来看，绩效管理的作用包括（　　）。
   A. 为企业诊断运营状况和进行决策收集信息
   B. 为干部后备队伍的建设提供依据
   C. 加强员工的自我管理
   D. 促进员工与上级的沟通
   E. 为员工职业规划提供参考

4. 从员工发展的角度来看，绩效管理的作用包括（　　）。
   A. 为企业诊断运营状况和进行决策收集信息
   B. 发掘员工的潜能
   C. 加强员工的自我管理

D. 促进员工与上级的沟通
E. 提高员工的工作绩效

5. 绩效管理主要分为（　　）等步骤。
   A. 绩效计划　　　　　　　　B. 绩效实施
   C. 绩效评估　　　　　　　　D. 绩效反馈
   E. 绩效结果应用

6. 绩效结果主要用于（　　）。
   A. 制订绩效改进计划　　　　B. 组织培训
   C. 奖金分配　　　　　　　　D. 职务调整
   E. 人力资源规划

7. 绩效反馈面谈的作用包括（　　）。
   A. 批评员工的不良行为　　　B. 要员工自己想办法解决绩效问题
   C. 使员工了解主管对自己的期望　　D. 使员工了解自己的绩效
   E. 使员工认识自己有待改进的地方

8. 收集和记录绩效信息的目的包括（　　）。
   A. 提供绩效评估的事实依据　　B. 提供绩效改善的事实依据
   C. 发现绩效差别的原因　　　D. 提高企业竞争力
   E. 提供争议仲裁中的利益保护

9. 开展问卷调查一般遵循的步骤是（　　）。
   A. 设计调查问卷
   B. 将问卷以直接发放、邮寄或网上填写等形式交由调查对象填写
   C. 回收问卷
   D. 整理分析并得出结论
   E. 问卷调查效果评估

10. 常用的绩效信息来源包括（　　）。
    A. 生产作业记录　　　　　　B. 定期检查记录
    C. 主管备忘录　　　　　　　D. 员工简历表
    E. 关键事件记录

11. 绩效信息收集的内容包括（　　）。
    A. 工作目标完成情况　　　　B. 来自外部客户的表扬或批评
    C. 证明绩效突出或低下的具体证据　　D. 与员工就绩效问题进行谈话的记录
    E. 对关键事件的具体描述

12. 收集绩效信息的方法包括观察法、（　　）等。
    A. 工作记录法　　　　　　　B. 关键事件法
    C. 访谈法　　　　　　　　　D. 问卷调查法
    E. 他人反馈法

13. 在设计问卷的过程中，注意事项包括（　　）。
    A. 避免系统性问卷偏差　　　B. 避免诱导性问题

C. 控制问卷的题量　　　　　　　　D. 避免一个问题内含两个以上问题
E. 问卷应简洁明了且避免细节性错误

14. 绩效信息收集的注意事项包括（　　）。
    A. 让员工参与信息收集的过程
    B. 要有目的地收集信息
    C. 要收集事实而不是判断
    D. 采用科学、先进的方法
    E. 要控制成本

15. （　　）属于定性资料。
    A. 档案　　　　　　　　　　　　B. 文件
    C. 会议记录　　　　　　　　　　D. 非结构访谈和观察记录
    E. 统计资料

16. 在整理绩效资料时，资料的统一性审查包括（　　）。
    A. 检查所有问卷、报表登记填报方法是否统一
    B. 所提供的材料是否符合填报要求
    C. 计算方法是否统一
    D. 数字所使用的度量单位是否统一
    E. 所填报的资料是否准确

17. 完整的绩效评估内容包括业绩评估、（　　）等。
    A. 能力评估　　　　　　　　　　B. 态度评估
    C. 潜力评估　　　　　　　　　　D. 适应性评估
    E. 资历评估

18. 能力评估主要体现在（　　）等方面。
    A. 常识、专业知识和其他相关知识　B. 技能、技术和技巧
    C. 工作经验　　　　　　　　　　D. 体力
    E. 心理特质

19. 绩效评估的原则有（　　）等。
    A. 开放沟通　　　　　　　　　　B. 公开性
    C. 差别性　　　　　　　　　　　D. 发展性
    E. 客观性

20. 绩效评估指标常见的关键成功要素包括（　　）等方面。
    A. 生产环节　　　　　　　　　　B. 销售环节
    C. 员工素质　　　　　　　　　　D. 产品声誉
    E. 企业文化

21. 绩效评估的要素包括评估目标、（　　）等。
    A. 评估对象　　　　　　　　　　B. 评估主体
    C. 评估方法　　　　　　　　　　D. 评估指标
    E. 评估标准

22. 在绩效评估方法中，属于绝对评估法的是（　　）。
　　A. 强制分布法　　　　　　　　B. 目标管理法
　　C. 关键指标法　　　　　　　　D. 等级评估法
　　E. 行为锚定法
23. 绩效评估实施方法主要包括（　　）。
　　A. 相对评估法　　　　　　　　B. 绝对评估法
　　C. 描述法　　　　　　　　　　D. 内部法
　　E. 外部法
24. 绩效评估表的编制原则包括（　　）。
　　A. 合法合规　　　　　　　　　B. 内容充分
　　C. 形式美观　　　　　　　　　D. 表达明确
　　E. 可操作
25. 实施绩效评估的程序一般包括（　　）。
　　A. 员工自评　　　　　　　　　B. 主管评估
　　C. 评估面谈　　　　　　　　　D. 评估信息记录
　　E. 评估结果分析

【技能部分】

案例1

案例背景

F公司是一家中等规模的特种工程机械制造厂，有1 000多名员工。公司业务稳健发展，业绩稳定增长，但最近总经理遇到了烦心事，因为有不少技术骨干辞职了。总经理让人力资源部着手调研，制定对策。

通过对离职面谈记录进行分析，技术骨干离职的主要原因是公司薪酬制度的激励性不够。公司高层几年前就提出应制定规范、完善的薪酬制度，尤其是适当拉开薪酬差距，激励不同业绩的员工，人力资源部也制定了一系列制度，其中核心就是绩效评估制度。

接下来，人力资源部对绩效评估制度的实施情况进行了调研，发现各部门每月提交的绩效评估表中，员工的绩效评估成绩基本在90~95分，并不能明显区分绩效，很难作为薪酬奖金的发放标准。在与主管的沟通过程中发现，虽然公司有日常的绩效记录，但由于员工的工作内容存在一定的差异，而且主管自身工作比较繁忙，并不掌握员工的工作细节，只有总体印象，担心给员工绩效打低分没有说服力而引起争议，影响团队士气和工作氛围，因此绩效打分比较趋同。

案例思考

1. 绩效信息收集的目的是什么？（12分）
2. 该公司进行绩效信息收集的来源有哪些？（13分）

案例 2

案例背景

G 公司是一家智能学习设备制造企业，这几年顺应政策和市场需求，推出一款小智慧学习机，市场占有率稳步提升。相比同类产品，小智慧学习机设计新颖、性能稳定、家长控制操作简便，受到不少家庭的喜爱。

为了进一步扩大品牌知名度，提高市场占有率，公司希望通过优化绩效管理，有效激励员工，实现公司的战略目标。人力资源部根据公司要求，制定了新的绩效政策，并把调整后的绩效考核目标和要求下达给各部门。

然而，新绩效政策实施一年后，并没有达到公司预期的目标，且一些关键技术岗位员工的离职率有所上升。为此，公司责成人力资源部尽快研究，找出原因，积极采取补救措施。

人力资源部马上展开调研，发现了以下问题。

1. 组装、校验等部门员工反映，部门经理在部门下达了公司的绩效目标、增产要求，但是每个岗位的要求和指标并不具体、也不易考量，而且有些要求和指标是不合理的。

2. 员工反映，绩效管理政策调整后，产量增加了不少，但是他们的绩效奖金却没什么大的变化；有些员工认为自己干得很好，但是部门对他们的评分却不高，认为评分有失公平，流露出不满情绪。

根据调研得到的信息，人力资源部开始制定绩效方案的补救措施。

案例思考

1. 该公司在绩效管理上存在哪些问题？（12 分）
2. 绩效管理的流程有哪些？（13 分）

四、参考答案

【理论知识部分】

（一）判断题

1. √ 2. × 3. × 4. × 5. √ 6. √ 7. √ 8. √ 9. × 10. √
11. × 12. √ 13. √ 14. √ 15. √ 16. √ 17. √ 18. × 19. × 20. √
21. × 22. √ 23. √ 24. √ 25. √ 26. √ 27. √ 28. √ 29. √ 30. √
31. × 32. √ 33. × 34. × 35. √ 36. √ 37. √ 38. √ 39. √ 40. √
41. × 42. √ 43. √ 44. √ 45. √ 46. √ 47. √ 48. √ 49. × 50. ×

（二）单项选择题

1. A 2. A 3. D 4. A 5. D 6. B 7. A 8. B 9. C 10. D
11. B 12. C 13. D 14. B 15. D 16. D 17. B 18. B 19. C 20. C
21. C 22. D 23. D 24. C 25. B

（三）多项选择题

1. ABC	2. BC	3. ABE	4. BCDE	5. ABCDE
6. ABCDE	7. CDE	8. ABCE	9. ABCD	10. ABCE
11. ABCDE	12. ACDE	13. ABCDE	14. ABCD	15. ABCD
16. ACD	17. ABC	18. ABCD	19. ABCDE	20. ABCD
21. ABCDE	22. BCDE	23. ABC	24. ABCDE	25. ABC

【技能部分】

案例1

答题思路

1. 绩效信息收集的目的（12分）

（1）提供绩效评估的事实依据。（3分）

（2）提供绩效改进的事实依据。（3分）

（3）发现绩效差别的原因。（3分）

（4）提供争议仲裁中的利益保护。（3分）

2. 该公司进行绩效信息收集的来源（13分）

（1）生产作业记录，如各类原始记录、统计数据等。（4分）

（2）定期检查记录，如出勤情况等。（3分）

（3）关键事件记录，如表彰的行为、事故报告等。（3分）

（4）主管日备忘录。（3分）

案例2

答题思路

1. 该公司在绩效管理上存在的问题（12分）

（1）绩效计划不够科学合理。人力资源部单方面制订、修改绩效计划，绩效指标的调整没有安排员工直接参与。（4分）

（2）绩效实施过程指导和监督不够。过分强调结果和产出，无法获得员工准确的生产工作情况，不能有效地给予指导与帮助。（4分）

（3）绩效评估的标准和方法不够准确。实施过程中，因为标准不详细，没有及时收集员工的绩效表现数据和事实，没有关键指标数据。（4分）

2. 绩效管理的流程（13分）

（1）绩效计划。（3分）

（2）绩效实施。（3分）

（3）绩效评估。（3分）

（4）绩效反馈。（2分）

（5）绩效结果应用。（2分）

第五单元

薪酬管理

一、学习要求

通过本单元的学习,学员应了解薪酬体系设计的基本方法和注意事项,掌握员工福利、社会保险制度的概念和基本内容,了解薪酬管理信息收集与统计分析的方法。

二、职业技能等级认定要点

【理论知识部分】

认定范围	认定点	知识点	重要性系数
薪酬管理概述	薪酬概述	薪酬的概念	5
		薪酬的职能	
		薪酬的组成	
	薪酬管理概述	薪酬管理的概念与原则	5
		薪酬管理的内容	
		薪酬管理的影响因素	
		薪酬设计的流程	
	全面薪酬	薪酬	5
		福利	
		工作与生活	
		绩效与认可	
		职业发展机会	
员工福利与社会保障	员工福利	福利概述	5
		福利的类型	
	社会保障	社会保障制度的概念与意义	5
		社会保险	
		住房公积金制度	
		工作时间和休息休假	
		残疾人就业保障金	
		社会保险专项审计	

续表

认定范围	认定点	知识点	重要性系数
薪酬管理信息核算与分析	薪酬信息核算	常规工资	9
		加班工资	
		年终奖	
		个人所得税	
		最低工资	
		最低生活保障金	
		社会平均工资	
	薪酬信息统计	企业薪酬统计指标与方法	9
		企业薪酬统计结果分析与运用	

【技能部分】

序号	知识点	重要性系数
1	薪酬福利信息采集	5
2	工资、奖金、津贴和个人所得税采集	9
3	工资表制作	5
4	社会保障相关手续办理	9
5	薪酬管理信息统计	5

三、练习题

【理论知识部分】

◉ (一) 判断题（下列表述正确的请画"√"，错误的请画"×"）

1. 与员工工作所取得的成绩或者是工作效率直接挂钩的部分，是间接薪酬。（　　）
2. 在劳动经济学里，工资是指以货币形式按期付给劳动者的劳动报酬。（　　）
3. 劳动者得到的货币工资实际能够购买到的生活资料和服务（包括房租、水电、交通、教育等各项支出）的数量，称为名义工资。（　　）
4. 与员工工作所取得的成绩或者是工作效率直接挂钩的部分，称为可变薪酬。（　　）

5. 在通货膨胀、货币贬值的条件下，即使货币工资提高，实际工资反而有可能下降。（   ）

6. 广义的薪酬是指员工所获回报的总和，不仅包括各项货币性和实物性回报，还包括外在的非财务性回报。（   ）

7. 参与决策的权利、较大的工作自主权，都属于广义的薪酬。（   ）

8. 特定的停车位置属于狭义的薪酬。（   ）

9. 从本质上来说，薪酬表现的是雇主（企业）与雇员（劳动者）的平等交换关系。（   ）

10. 加班工资属于直接薪酬。（   ）

11. 企业进行有效的薪酬管理，可以节约大量人工成本，体现了薪酬的调节职能。（   ）

12. 引导劳动者合理流动体现了薪酬的降低成本职能。（   ）

13. 从企业的角度出发，薪酬是一种资本投资。（   ）

14. 激励工资和绩效工资是不同的。虽然两者都受到员工业绩的影响，但绩效工资以支付工资的方式影响员工将来的行为；而激励工资是对员工过去工作行为和已取得成绩的认可。（   ）

15. 非经济性报酬对员工的激励是中长期的。（   ）

16. 带薪休假属于福利的一种。（   ）

17. 企业在确定员工的薪酬水平时要有成本意识，这是薪酬的动态性原则。（   ）

18. 薪酬管理就是企业对本企业员工薪酬的支付标准、发放水平和要素结构进行确定、分配和调整的过程。（   ）

19. 员工个人的薪酬要根据其工作年限、岗位变动、绩效表现进行调整，是薪酬管理经济性原则的要求。（   ）

20. 给员工提供个人成长、工作成就感、良好的职业预期和就业能力的管理，属于薪酬体系管理的内容。（   ）

21. 企业应保证薪酬制度以支持企业战略为根本，适应企业现实和未来的发展，满足员工的需要，这是薪酬的目标管理。（   ）

22. 薪酬的结构管理包括适应组织结构扁平化和员工岗位大规模轮换的需要，合理确定薪酬结构。（   ）

23. 运营管理是薪酬管理的重要内容之一。（   ）

24. 薪酬管理的影响因素包括企业外部因素和企业内部因素。（   ）

25. 影响薪酬管理的企业内部因素包括企业的业务性质与内容、企业的经营状况与实际支付能力、企业的管理哲学与企业文化。（   ）

26. 竞争对手的薪酬政策与水准对企业确定员工的薪酬影响很大。（   ）

27. 薪酬政策就是企业在员工薪酬制定上所采取的策略。（   ）

28. 建立具有竞争性的薪酬，吸引和留住企业需要的员工是薪酬管理的目标之一。（   ）

29. 薪酬政策是企业管理者审时度势的结果，如果决策失误，管理就会受到影响，会

引起一系列的企业管理困扰。（　　）

30. 薪酬是企业的成本支出，压低薪酬有利于提高企业的竞争能力。（　　）

31. 职业发展机会是全面薪酬的要素之一。（　　）

32. 福利是企业通过各种措施和建立各种补贴，为员工生活提供方便，减轻员工经济负担的一种非直接支付形式的报酬，是整体报酬体系的一部分。（　　）

33. 员工福利是对劳动者所提供劳动的一种物质补偿，享受员工福利须以履行劳动义务为前提，这是福利的补充性特点。（　　）

34. 在企业薪酬体系中，工资具有基本的保障功能，奖金具有明显而直接的激励作用，而福利的积极作用则是间接而巨大的，这是福利的补充性特点。（　　）

35. 高层管理者的经营理念是影响福利的因素之一。（　　）

36. 社会保险和住房公积金属于企业自主福利类型。（　　）

37. 企业可以根据自身条件和现状，也可以根据不同岗位设计不同的福利。（　　）

38. 养老保险费用一般由国家、单位和个人三方或单位和个人双方共同负担，并实现广泛的社会互济。（　　）

39. 企业年金是一种补充性养老金制度。（　　）

40. 职工在工作时间和工作岗位上，突发疾病死亡或者在24小时之内经抢救无效死亡的，视同工伤。（　　）

41. 职工或者其近亲属认为是工伤，用人单位不认为是工伤的，由职工承担举证责任。（　　）

42. 个人储蓄性养老保险是我国正在完善的城镇职工养老保险体系的"第二支柱"。（　　）

43. 企业补充养老保险是按国家统一政策规定强制实施的、为保障广大离退休人员基本生活需要的一种养老保险制度。（　　）

44. 带薪年休假是劳动者连续工作满1年后，每年依法享有的保留职务和工资的一定期限连续休息的假期。（　　）

45. 国家法定休假日、休息日计入带薪年休假的假期。（　　）

46. 《职工带薪年休假条例》（国务院令第514号）规定，职工累计工作已满10年不满20年的，年休假12天。（　　）

47. 《国务院关于修改〈国务院关于职工工作时间的规定〉的决定》（国务院令第174号）规定，职工每周工作44小时。（　　）

48. 计时工资制是按照职工的技术熟练程度、劳动繁重程度和工作时间的长短来计算和支付工资的一种分配形式。它由两个因素决定：一是工作能力，二是实际工作时间。（　　）

49. 休息日安排劳动者工作又不能安排补休的，支付不低于工资的百分之二百的工资报酬。（　　）

50. 年终奖的发放额度和形式一般由企业根据实际情况调整。（　　）

(二)单项选择题（下列每题的选项中，只有1个是正确的，请将其代号填在括号内）

1. 可变薪酬又称（　　），它是与员工工作所取得的成绩或者工作效率直接挂钩的。
   A. 基本薪酬　　　B. 浮动薪酬　　　C. 间接薪酬　　　D. 直接薪酬
2. 全面薪酬的要素构成不包括（　　）。
   A. 薪酬　　　　　B. 福利　　　　　C. 工作与生活　　D. 长远规划
3. 有效的福利甚至比高薪更能激励员工，福利反映了企业对员工的（　　）承诺。
   A. 短期　　　　　B. 中期　　　　　C. 长期　　　　　D. 临时
4. （　　）是企业给予员工的内在回报和外在回报的总和。
   A. 广义的薪酬　　　　　　　　　　B. 狭义的薪酬
   C. 一般意义上的薪酬　　　　　　　D. 货币薪酬
5. 引导劳动者合理流动体现了薪酬的（　　）职能。
   A. 调节　　　　　B. 激励　　　　　C. 降低成本　　　D. 管理
6. 通过薪酬把劳动量与消费量直接联系起来，即对薪酬支付的统计与监督，实际上也就是对劳动消耗的统计与监督，进而也是对消费量的统计与监督，体现了薪酬的（　　）功能。
   A. 调节　　　　　B. 统计与监督　　C. 降低成本　　　D. 管理
7. 薪酬不具备（　　）职能。
   A. 补偿　　　　　B. 激励　　　　　C. 效益　　　　　D. 发展
8. （　　）反映的是工作或技能价值，而往往忽视了员工之间的个体差异。
   A. 基本工资　　　B. 绩效工资　　　C. 激励工资　　　D. 员工福利
9. （　　）和业绩直接挂钩，它可以是长期的（如股份等），也可以是短期的（如奖金等）。
   A. 基本工资　　　B. 绩效工资　　　C. 激励工资　　　D. 员工福利
10. 非经济性报酬对员工的激励是（　　）的。
    A. 中期　　　　　B. 长期　　　　　C. 中短期　　　　D. 中长期
11. （　　）要求企业按照员工岗位的相对价值支付薪酬。
    A. 外部公平性　　　　　　　　　　B. 内部公平性
    C. 对员工具有激励性　　　　　　　D. 公正性
12. 员工个人的薪酬要根据其工作年限、岗位变动、绩效表现进行调整，这是薪酬管理（　　）原则的要求。
    A. 合法性　　　　B. 动态性　　　　C. 经济性　　　　D. 激励性
13. 薪酬要满足内部一致性和外部竞争性的要求，还要根据员工绩效、能力特征和行为态度进行动态调整，这是薪酬的（　　）。
    A. 结构管理　　　B. 目标管理　　　C. 水平管理　　　D. 制度管理
14. 薪酬的（　　）是指薪酬决策应确定在多大程度上向所有员工公开和透明化，指定专人负责设计和管理薪酬制度，建立薪酬管理的预算、审计和控制体系，进行薪酬的评估和沟通。

A. 结构管理　　B. 目标管理　　C. 体系管理　　D. 制度管理
15. 影响薪酬管理的企业外部因素不包括（　　）。
    A. 人力资源市场的供需关系　　　B. 本单位的业务性质与内容
    C. 地区及行业的特点与惯例　　　D. 国家的相关法律法规
16. 薪酬政策就是企业管理者对企业薪酬管理运行的目标、任务、（　　）的选择和组合，是企业在员工薪酬上采取的策略。
    A. 选项　　B. 手段　　C. 对象　　D. 市场
17. 薪酬管理目标根据（　　）而定。
    A. 外部市场环境　　　　　　　B. 竞争对手情况
    C. 行业内部规则　　　　　　　D. 企业的人力资源战略
18. 福利的特点不包括（　　）。
    A. 替代性　　B. 补偿性　　C. 均等性　　D. 补充性
19. 影响福利的因素不包括（　　）。
    A. 政府的政策法规　　　　　　B. 高层管理者的经营理念
    C. 通货膨胀的压力　　　　　　D. 工资的控制
20. 因为实行按劳分配难以避免各个劳动者由于劳动能力、供养人口等因素的差别所导致的个人消费品满足程度不平等和部分员工的生活困难，员工福利可以在一定程度上减小按劳分配带来的差别。这体现了福利的（　　）特点。
    A. 补偿性　　B. 均等性　　C. 补充性　　D. 间接性
21. 法定福利不包括（　　）。
    A. 廉价公租房　　B. 失业保险　　C. 工伤保险　　D. 住房公积金
22. 职工在工作时间和工作岗位上，突发疾病死亡或者在（　　）小时之内经抢救无效死亡的，视同工伤。
    A. 12　　B. 24　　C. 48　　D. 72
23. 职工个人缴存的住房公积金和职工所在单位为职工缴存的住房公积金，属于（　　）所有。
    A. 雇主　　　　　　　　　　　B. 政府
    C. 住房公积金管理中心　　　　D. 职工个人
24. 《国务院关于修改〈国务院关于职工工作时间的规定〉的决定》（国务院令第174号）规定，职工每周工作（　　）小时。
    A. 35　　B. 40　　C. 44　　D. 48
25. 用人单位安排残疾人就业的比例不得低于本单位在职职工总数的（　　），具体比例由各省、自治区、直辖市人民政府根据本地区的实际情况规定。
    A. 0.5%　　B. 1%　　C. 1.5%　　D. 2%

（三）多项选择题（下列每题的选项中，至少有2个是正确的，请将其代号填在括号内）

1. 一般意义上的薪酬是指员工所获的回报的总和，不仅包括各项货币性和实物性回报，还包括外在的非财务性回报，非财务性回报包括（　　）。

A. 偏爱的办公室装潢 B. 特定的停车位置
C. 宽裕的午餐时间 D. 保健计划
E. 经济补偿金

2. 广义的薪酬是企业给予员工的内在回报和外在回报的总和，其中内在回报包括（   ）。
A. 较大的工作自主权 B. 个人成长机会
C. 参与决策的权利 D. 特定的停车位置
E. 员工申诉渠道

3. 狭义的薪酬中，直接薪酬主要包括（   ）。
A. 基本工资 B. 绩效奖金
C. 加班工资 D. 保健计划
E. 津贴

4. 薪酬一般分为（   ）。
A. 基本薪酬 B. 可变薪酬
C. 间接薪酬 D. 保健计划
E. 津贴

5. 良好的薪酬体系以企业发展战略为导向，具有（   ）等特点。
A. 激励性 B. 竞争性
C. 公平性 D. 可比性
E. 多元性

6. 薪酬的主要职能包括（   ）。
A. 补偿 B. 激励
C. 降低成本 D. 管理
E. 保障

7. 狭义的薪酬主要由（   ）等组成。
A. 基本工资 B. 绩效工资
C. 激励工资 D. 劳务工资
E. 津贴

8. 薪酬管理是指企业对本企业员工薪酬的支付标准、发放水平和要素结构进行确定、分配和调整的过程。在这一过程中，企业必须就（   ）以及特殊员工群体的薪酬做出决策。
A. 薪酬水平 B. 薪酬结构
C. 薪酬体系 D. 薪酬形式
E. 薪酬待遇

9. 薪酬管理的公平性原则包括（   ）。
A. 对外具有竞争性 B. 对内具有公平性
C. 对员工具有激励性 D. 公正性
E. 合法性

10. 薪酬管理的原则包括（　　）。
    A. 合法性　　　　　　　　　　B. 公平性
    C. 及时性　　　　　　　　　　D. 经济性
    E. 动态性
11. 薪酬管理的内容包括（　　）等。
    A. 结构管理　　　　　　　　　B. 目标管理
    C. 水平管理　　　　　　　　　D. 过程管理
    E. 人员管理
12. 影响薪酬管理的企业外部因素包括（　　）。
    A. 人力资源市场的供需关系　　B. 地区及行业的特点与惯例
    C. 企业的经营状况与实际支付能力　　D. 当地的生活水平
    E. 国家的相关法律法规
13. 福利具有（　　）等特点。
    A. 补偿性　　　　　　　　　　B. 均等性
    C. 补充性　　　　　　　　　　D. 集体性
    E. 非货币性
14. 影响员工福利的因素主要包括（　　）。
    A. 高层管理者的经营理念　　　B. 工资的控制
    C. 同行业类似企业的福利　　　D. 工会的压力
    E. 员工偏好
15. 机会性福利包括（　　）。
    A. 在职或短期脱产培训　　　　B. 企业内部提升政策
    C. 员工参与民主化管理　　　　D. 廉价公房出租
    E. 节日慰问
16. 优惠性福利包括（　　）。
    A. 廉价公房出租　　　　　　　B. 低价工作餐
    C. 在职或短期脱产培训　　　　D. 企业内部提升政策
    E. 春节抽奖
17. 企业自主福利主要包括（　　）。
    A. 机会性福利　　　　　　　　B. 优惠性福利
    C. 实物性福利　　　　　　　　D. 服务性福利
    E. 工作性福利
18. 服务性福利包括（　　）。
    A. 廉价公房出租　　　　　　　B. 低价工作餐
    C. 免费或廉价通勤车服务　　　D. 企业内部提升政策
    E. 免费定期体检
19. 在我国，社会保险包括养老保险、医疗保险、（　　）等。
    A. 失业保险　　　　　　　　　B. 工伤保险

C. 生育保险　　　　　　　　　　D. 住房公积金
E. 子女保险

20. 我国的养老保险由（　　）等构成。
    A. 基本养老保险　　　　　　　B. 企业补充养老保险
    C. 个人储蓄性养老保险　　　　D. 众筹养老保险
    E. 社会统筹账户

21. 在我国，（　　）等是员工自愿缴纳的。
    A. 基本养老保险　　　　　　　B. 企业补充养老保险
    C. 个人储蓄性养老保险　　　　D. 住房公积金
    E. 生育保险

22. 企业年金是一种补充性养老金制度，也称（　　）。
    A. 基本养老计划　　　　　　　B. 企业退休金计划
    C. 个人储蓄性养老计划　　　　D. 众筹养老计划
    E. 职业养老金计划

23. 关于婚丧假的规定，下列不正确的是（　　）。
    A. 职工本人结婚或职工的直系亲属（父母、祖父母、配偶和子女）死亡时，可以根据具体情况，由本单位行政领导批准，酌情给予1~3天的婚丧假
    B. 职工结婚时双方不在一地工作的，根据路程远近，另给予路程假
    C. 职工在外地的直系亲属死亡时，需要职工本人去外地料理丧事的，根据路程远近，另给予路程假
    D. 在批准的婚丧假和路程假期间，职工的奖金可以不发
    E. 劳动者在婚丧假期间，用人单位应当依法支付工资

24. 属于法定全体公民休假的节日有（　　）。
    A. 端午节　　　　　　　　　　B. 青年节
    C. 教师节　　　　　　　　　　D. 中秋节
    E. 劳动节

25. 企业薪酬统计指标主要包括（　　）。
    A. 工资总额　　　　　　　　　B. 平均工资
    C. 工资分布　　　　　　　　　D. 最高与最低工资的倍率
    E. 员工花名册

【技能部分】

案例1

案例背景

H电子设备有限公司是一家中等规模的电子产品设计、制造和销售企业。近几年来，市场竞争异常激烈，公司的产品在外观设计、技术原创和产品性能上均没有太明显的竞争优势，面临越来越大的经营压力。公司管理层经过仔细评估，把加大销售力度定位为中期

经营计划的重点。

人力资源部根据公司战略，调整了薪酬结构，把销售人员的薪酬水平调整到公司的最高级别，以提高销售人员的积极性。方案一经公布，引起了很大的反响。生产部门认为产品销路不好，是因为销售部门没有履行好销售职责，因此不仅不应该提高销售人员的薪酬水平，还应该从严考核销售部门的业绩。技术部门认为只调整销售部门人员的薪酬不公平，应该同时提高技术研发人员的薪酬，研发人员薪酬目前明显低于同行业水平，多名技术骨干陆续离职，严重影响公司产品竞争力。其他部门也有类似的反映，认为这种不公平的做法打击了其他部门员工的积极性，效果会适得其反。

案例思考
1. 该公司薪酬调整中存在哪些问题？（15分）
2. 薪酬管理的内容有哪些？（10分）

案例2

案例背景

陈东是J公司华东大区的销售总监，被集团寄予厚望。陈东踌躇满志，经过深思熟虑形成了完善的市场开拓计划。现在，万事俱备，只欠东风，需要一位执行力强、熟悉市场的操盘手。

陈东在脑海里把手下人一一盘点，确定了人选——龚丽婷。她销售能力强，虽然来公司时间不长，但是业绩突出，尤其在市场开拓方面获得了一致认可，现在升为销售部副经理。

过了几天，陈东去人力资源部谈市场计划的人员配置。不料，人力资源部却告诉他，龚丽婷刚刚提交了辞职报告。陈东询问其离职的原因，人力资源部告诉他，龚丽婷是因为收入问题提出辞职的，虽然在公司里她的工资水平属于最高档，但是与市场同类企业的同类职位相比，她的工资却低了一截；另外，上个月她超额完成了销售任务，却没有在奖金上得到体现。

陈东对人力资源部刘经理说："你赶快把龚丽婷找来，工资和奖金的事情好商量，现在公司有重要任务交给她。"

案例思考
1. 请从薪酬管理角度分析龚丽婷辞职的主要原因。（5分）
2. 薪酬管理应遵循哪些原则？（20分）

四、参考答案

【理论知识部分】

（一）判断题

1. ×　2. √　3. ×　4. √　5. √　6. ×　7. √　8. ×　9. √　10. √
11. ×　12. ×　13. √　14. ×　15. √　16. √　17. ×　18. √　19. ×　20. √

21. √ 22. √ 23. × 24. √ 25. √ 26. √ 27. √ 28. √ 29. √ 30. ×
31. √ 32. √ 33. × 34. × 35. √ 36. × 37. √ 38. √ 39. √ 40. ×
41. × 42. × 43. × 44. √ 45. × 46. × 47. × 48. × 49. √ 50. √

（二）单项选择题

1. B 2. D 3. C 4. A 5. A 6. B 7. D 8. A 9. C 10. D
11. B 12. B 13. C 14. D 15. B 16. B 17. D 18. A 19. C 20. C
21. A 22. C 23. D 24. B 25. C

（三）多项选择题

1. ABC 2. ABC 3. ABCE 4. ABC 5. ABC
6. ABC 7. ABCE 8. ABCD 9. ABC 10. ABCDE
11. ABC 12. ABDE 13. ABCD 14. ABCD 15. ABC
16. AB 17. ABCD 18. CE 19. ABC 20. ABC
21. BC 22. BE 23. AD 24. ADE 25. AB

【技能部分】

案例1

答题思路

1. 该公司薪酬调整中存在的问题（15分）

（1）薪酬对内缺乏公平性，仅对销售岗位进行调整，没有考虑其他部门岗位的价值。（5分）

（2）薪酬对外缺乏竞争性，该公司没有进行外部的薪酬调研，薪酬水平低于市场水平。（5分）

（3）薪酬对员工缺乏激励性，没有针对岗位采取不同的激励机制。（5分）

2. 薪酬管理的内容（10分）

（1）目标管理。（2分）

（2）水平管理。（2分）

（3）体系管理。（2分）

（4）结构管理。（2分）

（5）制度管理。（2分）

案例2

答题思路

1. 龚丽婷辞职的主要原因（5分）

（1）薪酬明显低于市场工资水平，缺乏竞争性。（3分）

（2）薪酬没有与绩效结合，与实际贡献不符，缺乏激励性。（2分）

2. 薪酬管理应遵循的原则（20分）
(1) 合法性原则。(4分)
(2) 公平性原则。(4分)
(3) 及时性原则。(4分)
(4) 经济性原则。(4分)
(5) 动态性原则。(4分)

第六单元

劳动关系管理

一、学习要求

通过本单元的学习，学员应掌握劳动关系、劳动法律关系和职业安全卫生的基本知识，掌握劳动法和劳动合同法的基本概念、内容和原则，掌握劳动合同制定、签订、更改、解除、终止、续订等实务操作。

二、职业技能等级认定要点

【理论知识部分】

认定范围	认定点	知识点	重要性系数
劳动法律制度	劳动法及其规定	劳动法的概念	1
		劳动法的渊源	
		劳动法的主要内容	
		劳动法的基本原则	
	劳动关系与劳动法律关系	劳动关系	5
		劳动法律关系	
	劳动法律	劳动法律规范	9
		劳动法律解释方法	
		劳动法律检索	
劳动合同法	劳动合同概述	劳动合同的概念	9
		劳动合同的分类	
		劳动合同的内容	
		劳动合同的签订、履行与变更	
	劳动合同的解除与终止	劳动合同的解除	9
		劳动合同的终止	
		解除或终止劳动合同的经济补偿	
	劳动合同的管理	劳动合同的签订与变更手续	9
		劳动合同的文档管理	
		劳动合同的解除与终止手续	
职业安全卫生	职业安全卫生概述	职业安全卫生的概念	5
		职业安全卫生立法概况	
	劳动安全卫生技术规程	劳动安全技术规程	5
		劳动卫生技术规程	

续表

认定范围	认定点	知识点	重要性系数
职业安全卫生	劳动保护管理制度	安全生产责任制度	1
		安全生产监督管理制度	
		安全生产检查制度	
		安全生产举报制度	
		安全生产事故应急救援制度	
		安全生产事故调查处理制度	
	职业病防治管理制度	职业病危害预防制度	1
		职业病危害监测、检测和评价制度	
		职业病危害告知制度	
		职业病健康监护制度	
	女职工和未成年工特殊劳动保护	女职工特殊劳动保护	5
		未成年工特殊劳动保护	

【技能部分】

序号	知识点	重要性系数
1	劳动合同签订	9
2	劳动合同变更与解除	9
3	员工职业安全管理与指导	5

三、练习题

【理论知识部分】

◉（一）判断题（下列表述正确的请画"√"，错误的请画"×"）

1. 劳动法调整的其他社会关系是指在劳动关系运行过程中及其前后因实现劳动关系而发生的社会关系。（   ）
2. 行政法规是劳动法的来源之一。（   ）
3. 法律解释是对法律规范含义的说明，可分为立法解释、司法解释和行政解释。（   ）
4. 工作时间和休息休假属于劳动基准法的内容。（   ）
5. 女职工和未成年工特殊保护是劳动关系法的内容。（   ）
6. 对劳动者的倾斜保护是劳动法的基本原则之一。（   ）
7. 劳动关系协调的任务之一是重点倾斜保护用人单位的经济利益不受侵犯，从而保

证劳动关系和谐有序运行。（　　）
8. 劳动关系又称雇佣关系、员工关系、劳资关系、劳工关系、劳务关系。（　　）
9. 劳动关系是一种经济利益关系。（　　）
10. 劳动关系双方的谈判力量是对等的。（　　）
11. 劳动关系是因劳动者与生产资料相结合而产生的社会关系。（　　）
12. 劳动法律关系既包括个别劳动法律关系，也包括团体劳动法律关系。（　　）
13. 劳动法律关系的客体是指劳动法律关系主体之间的劳动权利所共同指向的对象，也就是劳动者。（　　）
14. 劳动法律关系构成包括主体和客体两个要素。（　　）
15. 执业资格是指从事某一专业或工种所需的学识、技术和能力的起点标准。（　　）
16. 被国家司法部门依法剥夺自由期间的公民，只要具有劳动能力，也可以成为劳动法律关系的主体。（　　）
17. 企业经营中存在的承揽加工、招募大学生实习、聘请退休人员等劳动给付关系均为劳动法律关系。（　　）
18. "劳动者提前三十日以书面形式通知用人单位，可以解除劳动合同"为义务性规则。（　　）
19. "禁止用人单位招用未满十六周岁的未成年人"为授权性规则。（　　）
20. 劳动法律规范是由国家机关及其授权机构制定或认可的涉及劳动关系的行为准则，是劳动法律构成的基本单位。（　　）
21. 用人单位与劳动者建立劳动关系，可以订立书面或者口头劳动合同。（　　）
22. 集体劳动合同必须由工会与用人单位签订。（　　）
23. 无固定期限劳动合同不约定劳动合同的终止期限，用人单位不可以解除劳动合同。（　　）
24. 非全日制劳动合同属于临时工性质的劳动合同，劳动者提供的劳动时间每周不超过12小时。（　　）
25. 劳务派遣时，由劳务派遣公司将劳动者派遣至用工单位工作，实际用工单位与劳动者签订劳动合同。（　　）
26. 劳动合同条款包括法定必备条款和可选条款两种。（　　）
27. 竞业限制是指约定劳动者对用人单位的商业机密或知识产权的保密事项负保密义务的条款。（　　）
28. 劳动合同中的法定必备条款包括竞业限制。（　　）
29. 劳动合同期限一年以上不满三年的，试用期不得超过2个月。（　　）
30. 为了保障劳动者的合法权益，劳动工资应以货币形式发放，每月至少支付一次。（　　）
31. 在符合劳动合同约定的情形下，劳动者可以让第三人替代自己履行劳动给付义务。（　　）
32. 要求双方当事人就劳动合同的条款达成一致意见，如对具体条款意见不一致，劳动合同不能成立，这是劳动合同订立的平等自愿原则。（　　）

33. 合同当事人双方都必须以自己的行为履行各自依据劳动合同所承担的义务，这是劳动合同履行的全面履行原则。（   ）

34. 劳动合同的订立不得违反法律法规的规定，这是订立劳动合同应当遵循的合法原则。（   ）

35. 发现劳动者不能胜任工作，用人单位可直接单方面解除劳动合同。（   ）

36. 经济性裁员的法定情形有：1）依照企业破产法规定进行重整的；2）生产经营发生严重困难的。（   ）

37. 劳动者不能胜任工作，经过培训或者调整工作岗位仍不能胜任工作的适用无过失性辞退。（   ）

38. 用人单位经济性裁员是指裁减不足 20 人但占企业职工总数 20% 以上。（   ）

39. 经济补偿按劳动者在本单位工作的年限，六个月以上不满一年的，补偿半个月工资。（   ）

40. 劳动合同变更应采用书面形式。（   ）

41. 出具终止、解除劳动合同证明书是用人单位的义务。（   ）

42. 由于各行业、各企业面临不同的职业安全卫生要求，劳动法不可能对职业安全卫生做出具体的规范要求。（   ）

43. 用人单位不得在女职工怀孕期、产期、哺乳期降低其基本工资或者解除劳动合同。（   ）

44. 劳动合同、集体合同是劳动保障法的内容。（   ）

45. 劳动法是调整劳动关系的法律规范的总和。（   ）

46. 劳动法律关系的产生使一般的劳动关系上升为法律关系。（   ）

47. 专项劳动协议是对劳动合同中特定权利的补充，必须在订立劳动合同时约定。（   ）

48. 试用期最长不得超过 5 个月。（   ）

49. 劳动合同在依法订立后，由于情况变更而引起双方当事人协商一致后对原合同内容做部分改变，称作劳动合同的重新订立。（   ）

50. 劳动安全技术规程是指以防止和消除伤亡事故的技术规则为基本内容的法律规范。（   ）

（二）单项选择题（下列每题的选项中，只有1个是正确的，请将其代号填在括号内）

1. 劳动法是关于（   ）之间关系的法律。
   A. 政府与企业　　　　　　　　B. 企业与员工
   C. 企业与工会　　　　　　　　D. 工会与员工

2. 工作时间和休假的规定属于（   ）。
   A. 劳动基准法　　　　　　　　B. 劳动关系法
   C. 劳动保障法　　　　　　　　D. 劳动行政法

3. 集体合同的规定属于（   ）。
   A. 劳动基准法　　　　　　　　B. 劳动关系法
   C. 劳动保障法　　　　　　　　D. 劳动行政法

4. 劳动关系协调的任务之一是重点倾斜保护（　　）的经济利益不受侵犯，从而保证劳动关系和谐有序运行。
　　A. 用人单位　　　B. 劳动者　　　C. 管理者　　　D. 员工代表
5. 劳动关系是因劳动者与生产资料相结合而产生的社会关系，是一种经济利益关系，（　　）。
　　A. 不具有人身从属性的社会关系　　B. 劳动关系双方的谈判力量对等
　　C. 是冲突与合作的统一　　　　　　D. 是受法律调整的行政隶属关系
6. 形成劳动关系需要的条件包括（　　）。
　　A. 劳动者具备工作技能　　　　　　B. 劳动者以工作为谋生手段
　　C. 企业需要发展　　　　　　　　　D. 在企业上班
7. 非全日制劳动合同属于临时工性质的劳动合同，劳动者提供的劳动时间每周不超过（　　）小时。
　　A. 8　　　　　B. 12　　　　　C. 24　　　　　D. 32
8. 劳动合同中的约定条款包括（　　）。
　　A. 试用期　　　　　　　　　　　　B. 劳动合同期限
　　C. 劳动报酬　　　　　　　　　　　D. 劳动保护和劳动条件
9. 劳动合同中的法定必备条款包括（　　）。
　　A. 试用期　　　　　　　　　　　　B. 保密义务条款
　　C. 竞业限制　　　　　　　　　　　D. 劳动保护和劳动条件
10. 劳动者与用人单位约定的劳动者必须为用人单位提供服务的期限是（　　）。
　　A. 劳动合同期限　　　　　　　　　B. 服务期
　　C. 竞业限制期　　　　　　　　　　D. 商业秘密保密期
11. 标准工作时间是每周工作（　　）小时，超过部分均应视为加班。
　　A. 35　　　　　B. 40　　　　　C. 45　　　　　D. 50
12. 劳动合同的订立不得违反法律法规的规定，是订立劳动合同应当遵循的（　　）原则。
　　A. 公平　　　　B. 合法　　　　C. 自愿　　　　D. 诚实信用
13. 用人单位在公开招聘时，要贯彻公开招收、自愿报名、全面考核、择优录用的原则，是劳动合同程序合法中的（　　）。
　　A. 形式合法　　B. 录用合法　　C. 主体合法　　D. 客体合法
14. 劳动合同双方当事人的权利与义务是相对的，一方的义务同时也是另一方的权利，因此当事人应当帮助另一方履行其义务，这其实也是为了自身权利的实现，这是劳动合同履行中的（　　）原则。
　　A. 实际履行　　　　　　　　　　　B. 协作履行
　　C. 全面履行　　　　　　　　　　　D. 亲自履行
15. 已建立劳动关系，未同时订立书面劳动合同的，用人单位应当自用工之日起（　　）内，订立书面劳动合同。
　　A. 7天　　　　B. 15天　　　　C. 1个月　　　　D. 2个月

16. 劳动合同的变更一般经过提议、协商、改订三个阶段。如果在协商中无法达成一致意见，（　　）有权向当地劳动争议仲裁机构申请仲裁。
    A. 只有员工　　　B. 任何一方　　　C. 只有用人单位　　D. 只有工会

17. （　　）适用无过失性辞退。
    A. 在试用期期间被证明不符合录用条件的
    B. 劳动者同时与其他用人单位建立劳动关系
    C. 被依法追究刑事责任的
    D. 劳动者不能胜任工作，经过培训或者调整工作岗位仍不能胜任工作的

18. （　　）适用过失性辞退。
    A. 在试用期期间被证明不符合录用条件的
    B. 劳动合同订立时所依据的客观情况发生重大变化
    C. 劳动者患病或者非因工负伤
    D. 劳动者不能胜任工作，经过培训或者调整工作岗位仍不能胜任工作的

19. 法律对用人单位的经济性裁员从程序上做了一定限制，要求用人单位在决定裁员时，应提前（　　）天向工会或全体职工说明情况，听取工会或职工的意见。
    A. 15　　　　　B. 30　　　　　C. 45　　　　　D. 60

20. 劳动合同期满，双方当事人不再续订劳动合同，劳动合同（　　）。
    A. 终止　　　　B. 解除　　　　C. 中止　　　　D. 延续

21. 我国《劳动合同法》规定，劳动者月工资高于用人单位所在直辖市、设区的市级人民政府公布的本地区上年度职工月平均工资三倍的，向其支付经济补偿的标准按职工月平均工资三倍的数额支付，向其支付经济补偿的年限最高不超过（　　）年。
    A. 五　　　　　B. 十　　　　　C. 十二　　　　D. 十五

22. 上海用人单位应自招用之日起（　　）日内，向用人单位注册或经营所在地的区劳动保障部门所属就业服务机构办妥招工备案手续。
    A. 15　　　　　B. 30　　　　　C. 45　　　　　D. 60

23. 职业安全卫生的内容包括（　　）和劳动卫生。
    A. 环境安全　　B. 交通安全　　C. 劳动安全　　D. 个体安全

24. 劳动保护法规中的特殊主体保护规范主要是指女职工和（　　）特殊劳动保护。
    A. 老年员工　　B. 未成年工　　C. 残疾员工　　D. 新员工

25. 在工厂安全技术规程中，动力间、锅炉房、瓦斯发生室应与其他工作间隔开，其屋顶要求轻便，楼房应设置安全梯和其他便于脱险的设备，这属于（　　）技术规程。
    A. 建筑物和通道的安全　　　　B. 工作场所的安全
    C. 生产设备的安全　　　　　　D. 个人防护品的安全

● **（三）多项选择题**（下列每题的选项中，至少有2个是正确的，请将其代号填在括号内）

1. 用人单位的权利有（　　）。
    A. 招工权　　　　　　　　　　B. 辞退权

C. 用人权 D. 奖惩权
E. 分配权

2. 我国劳动法调整的与劳动关系密切联系的其他社会关系包括（　　）等。
   A. 处理劳动争议而发生的关系
   B. 执行社会保险而发生的关系
   C. 监督劳动法令的执行而发生的关系
   D. 因劳动行政管理而发生的关系
   E. 因绩效考核而发生的争议关系

3. 在我国，法律是指全国人民代表大会和全国人民代表大会常务委员会制定的规范性文件，如（　　）。
   A. 劳动法 B. 劳动合同法
   C. 就业促进法 D. 社会保险法
   E. 劳动合同法实施条例

4. 劳动法律内容包括（　　）。
   A. 劳动基准法 B. 劳动关系法
   C. 劳动保障法 D. 劳动行政法
   E. 劳动调解法

5. 劳动法基本原则是贯穿于劳动法各项具体制度之中的基本准则，包括（　　）。
   A. 劳动关系主体权利与义务统一 B. 劳动力资源合理配置
   C. 法律面前人人平等 D. 促进经济发展与社会进步
   E. 执法必严

6. 劳动关系的概念包含（　　）等。
   A. 由劳动者个人与用人单位之间构成的个别劳动关系
   B. 由工会为代表的劳动者与用人单位构成的集体劳动关系
   C. 实现劳动过程中劳动者与劳动力使用者以及相关的社会组织之间的社会经济关系
   D. 为实现劳动过程而形成的一种社会关系
   E. 企业与退休返聘人员形成的劳动关系

7. 以下属于劳动关系特点的有（　　）等。
   A. 具有人身从属性的社会关系 B. 劳动关系双方的谈判力量不对等
   C. 是冲突与合作的统一 D. 是受法律调整的社会关系
   E. 是受法律调整的行政隶属关系

8. 形成劳动关系需要的条件包括（　　）。
   A. 劳动者是自由的独立个体
   B. 劳动者以工作为谋生手段
   C. 掌握生产资料的劳动力使用者需要劳动者的劳动
   D. 签订劳动合同
   E. 在企业上班

9. 劳动关系双方的谈判力量不对等的原因包括（　　）。

A. 两者对劳动关系的依赖不同 B. 资本的稀缺性
C. 信息的不对称 D. 劳动关系的经济利益属性
E. 两者利益不同

10. 下列不属于劳动法律关系的有（ ）。
A. 承揽加工 B. 劳务合同
C. 招募大学生实习 D. 聘请退休人员
E. 承包合同

11. 劳动法律关系的主体是指依劳动法享有权利和承担义务的劳动法律关系当事人，包括（ ）。
A. 劳动者 B. 用人单位
C. 工会 D. 职代会
E. 行业协会

12. 我国从（ ）等方面对自然人成为劳动法律关系的主体做出了规定。
A. 年龄 B. 健康
C. 智力 D. 行为自由
E. 政治清白

13. 在调整劳动关系方面，工会具有（ ）等权利。
A. 参与权 B. 缔约权 C. 监督权 D. 调处权 E. 决策权

14. 专项劳动协议是指已经确立劳动关系的劳动者与用人单位就某种事项所签订的专项契约，一般包括（ ）。
A. 服务期协议 B. 培训协议
C. 保守商业秘密协议 D. 竞业限制协议
E. 补充保险协议

15. 劳动合同期限分为若干类型，包括（ ）。
A. 无固定期限劳动合同
B. 固定期限劳动合同
C. 以完成一定工作任务为期限的劳动合同
D. 以承包某项工程为期限的劳动合同
E. 约定终止类型

16. 根据用工方式不同，可将劳动合同分为（ ）。
A. 外包合同 B. 一般劳动合同
C. 承揽合同 D. 非全日制劳动合同
E. 劳务派遣合同

17. 劳动合同的法定必备条款包括（ ）。
A. 劳动合同期限 B. 劳动报酬
C. 试用期 D. 社会保险
E. 保密协议

18. 劳动合同的约定条款主要包括（ ）等。

A. 劳动合同期限　　　　　　B. 服务期约定
C. 试用期　　　　　　　　　D. 社会保险
E. 工作时间

19. 社会保险包括（　　）。
A. 养老保险　　　　　　　　B. 医疗保险
C. 失业保险　　　　　　　　D. 工伤保险
E. 生育保险

20. 《劳动合同法》对违约金的约定适用做了严格限制，除违反（　　）外，针对其他违约行为均不得约定违约金。
A. 服务期　　　　　　　　　B. 劳动合同期限
C. 保密义务　　　　　　　　D. 安全操作规程
E. 竞业限制

21. 劳动合同订立的程序合法包括（　　）。
A. 形式合法　　　　　　　　B. 主体合法
C. 录用合法　　　　　　　　D. 客体合法
E. 解除合法

22. 在实际活动中，有不少当事人单方请求变更劳动合同的情况，这时应该满足的条件包括（　　）。
A. 不可抗力使原合同履行成为不可能
B. 国家政策的变化使原劳动合同已不符合法律规定
C. 劳动合同订立时的客观情况发生了重大变化
D. 劳动者的情况发生重大变化而无法履行原劳动合同
E. 业绩考核不达标

23. 劳动合同的履行应当遵循的原则包括（　　）。
A. 实际履行原则　　　　　　B. 全面履行原则
C. 亲自履行原则　　　　　　D. 第三方履行原则
E. 属地化履行原则

24. 《劳动合同法》第三条规定，订立劳动合同应当遵循（　　）。
A. 合法原则　　　　　　　　B. 公平原则
C. 平等自愿原则　　　　　　D. 协商一致原则
E. 诚实信用原则

25. 《劳动合同法》第四十四条规定了劳动合同终止的情形，包括（　　）。
A. 劳动合同期满的
B. 劳动者开始依法享受基本养老保险待遇的
C. 劳动者死亡，或者被人民法院宣告死亡或者宣告失踪的
D. 用人单位被依法宣告破产的
E. 劳动者不能胜任工作的

【技能部分】

案例1

案例背景

梁峰于2019年7月进入K公司工作,岗位是现场工程师。从2020年6月开始,他感觉全身乏力,无法坚持工作,于是去医院检查,诊断后病情较重,医生建议其长期休息。

在梁峰医疗期满后,公司根据其情况,将他安排在行政部门工作,但由于健康原因他还是无法继续工作。2021年9月,公司人力资源部经理与部门经理专门咨询了梁峰的主治医生意见,并上门进行了慰问,同时书面告知其公司将解除与他的劳动合同。2021年11月,公司与梁峰正式解除劳动合同。

案例思考

1. 用人单位在哪些情形下可以单方面解除劳动合同?(9分)
2. 该公司的做法是否合法?为什么?(16分)

案例2

案例背景

2022年5月,小明被M公司录用,担任产品部经理,约定试用期为3个月。

在试用期的最后一个月,公司管理层人员发生变动,新任总经理对小明的工作方式和工作绩效不满意,认为其不具备产品部经理的能力。在试用期即将结束时,小明突然收到了公司解除劳动合同的通知,理由是在试用期内,公司认为其不适合这份工作。

小明颇为不满,在多次交涉未果后,申请劳动争议仲裁。

案例思考

1. 公司解除与小明签订的劳动合同合法吗?为什么?(10分)
2. 简述在过失性辞退情形下,用人单位可以单方面解除劳动合同的情况。(15分)

四、参考答案

【理论知识部分】

(一)判断题

1. √ 2. √ 3. √ 4. √ 5. × 6. √ 7. × 8. × 9. √ 10. ×
11. √ 12. √ 13. × 14. × 15. × 16. × 17. × 18. × 19. × 20. √
21. × 22. × 23. × 24. × 25. × 26. × 27. × 28. × 29. √ 30. √
31. × 32. × 33. × 34. √ 35. × 36. × 37. √ 38. × 39. × 40. √
41. √ 42. √ 43. √ 44. × 45. √ 46. √ 47. × 48. × 49. × 50. √

（二）单项选择题

1. B　2. A　3. B　4. B　5. C　6. B　7. C　8. A　9. D　10. B
11. B　12. B　13. B　14. B　15. C　16. B　17. D　18. A　19. B　20. A
21. C　22. B　23. C　24. B　25. A

（三）多项选择题

1. ABCDE　2. ABCD　3. ABCD　4. ABCD　5. ABD
6. ABC　7. ABCD　8. ABC　9. ABC　10. ABCDE
11. ABC　12. ABCD　13. ABCD　14. ABCDE　15. ABC
16. BDE　17. ABD　18. BC　19. ABCDE　20. ACE
21. ABC　22. ABCD　23. ABC　24. ABCDE　25. ABCD

【技能部分】

案例 1

答题思路

1. 公司可以单方面解除劳动合同的情形（9分）

（1）过失性辞退。（3分）

（2）无过失性辞退。（3分）

（3）用人单位的经济性裁员。（3分）

2. 该公司做法的合法性及原因（16分）

（1）该公司解除与梁峰的劳动合同是合法的。（5分）

（2）梁峰在医疗期满后不能从事原工作，也不能从事由用人单位另行安排的工作，而且患病原因与用人单位无直接联系，适用公司可以单方面解除劳动合同的"无过失性辞退"情形。同时，公司提前30天以书面形式通知劳动者本人。综上所述，K公司的做法是合法的。（11分）

案例 2

答题思路

1. 公司解除与小明签订的劳动合同的合法性及原因（10分）

（1）不合法。（5分）

（2）根据《劳动合同法》的规定，用人单位只有证明劳动者不符合用人条件时才能行使解除劳动合同的权利，但案例中公司并没有明确试用期的考核标准，并证明小明在试用期不能胜任工作，仅因领导主观认为小明不胜任工作就随意解除劳动合同是不合法的。（5分）

2. 在过失性辞退情形下，用人单位可以单方面解除劳动合同的情况（15分）

（1）在试用期间被证明不符合录用条件。（3分）

（2）严重违反用人单位的规章制度。(3分）

（3）严重失职，营私舞弊，给用人单位造成重大损失。(3分）

（4）劳动者同时与其他用人单位建立劳动关系，对完成本单位的工作任务造成严重影响，或者经用人单位提出，拒不改正。(2分）

（5）因《劳动合同法》第二十六条第一款规定的情形致使劳动合同无效。(2分）

（6）被依法追究刑事责任。(2分）

企业人力资源管理师（四级）认定方案

一、认定方式

企业人力资源管理师（四级）的考核模块分为专业知识、专业操作2个模块，考核方式采用机考方式进行，均实行百分制，成绩皆达60分及以上为合格。成绩不及格者，可按规定分模块补考。

二、考核方案

职业（工种）名称		企业人力资源管理师		等级		四级	
职业代码							
序号	模块名称	单元编号	单元名称	考核方式	抽选方式	考核时间/min	配分/分
1	专业知识	1	专业知识	机考	必考	90	100
2	专业操作	1	实务操作	机考	必考	90	100
合计						180	200
备注	机考均为闭卷						

专业知识模拟试卷（一）

一、判断题（下列表述正确的请画"√"，错误的请画"×"。每题0.5分，共50分）

1. 现代管理学和传统管理学的一个显著区别在于是否承认人力资源在经济发展中的关键作用。（　　）
2. 人力资本理论是20世纪50年代末60年代初由诺贝尔经济学奖获得者西奥多·舒尔茨提出的。（　　）
3. 人力资源管理是指根据企业发展战略的要求，有计划地对人力资源进行合理配置，通过对员工的招聘、培训、使用、考核、激励、调整等一系列过程，调动员工的积极性，发挥员工的潜能，为企业创造价值，给企业带来效益，确保企业战略目标的实现。（　　）
4. 在现代人力资源管理中，人力资源部是推动企业变革的重要力量。（　　）
5. 随着社会经济和企业管理的发展，人力资源部成为企业重要的战略部门。（　　）
6. 通过规划、招聘、考试、测评、选拔获取企业所需人员，是人力资源管理的评估职能。（　　）
7. 沟通能力是个人素质的重要体现，关系到一个人的知识、能力和品德。（　　）
8. 人力资源规划为其他人力资源管理工作提供基础资料和基本要求。（　　）
9. 人力资源规划是人力资源部开展工作的前提和依据，收集和提供准确、及时、完整的信息关系到整个人力资源规划的成败。（　　）
10. 现代企业管理对人力资源管理信息系统有了更多、更深层次的需求。（　　）
11. 随着网络技术的发展，信息系统在招聘、培训、薪酬管理、绩效评估、员工沟通、员工档案信息统计管理等方面得到了广泛的应用。（　　）
12. 在组织中，存在个人目标和组织目标，员工个人目标和正式组织目标往往是不一致。（　　）
13. 组织人格是个人为了实现组织的共同目标而实施的合乎理性行动的一面。（　　）
14. 当组织目标复杂、抽象时，协作性理解和个人性理解经常会发生矛盾。（　　）
15. 组织结构是组织各部分排列顺序、空间位置、聚散状态、联系方式以及各要素之间相互关系的一种模式，是整个管理系统的"框架"，对工作任务进行分工、分组和协调合作。（　　）
16. 项目负责人责任大于权力，对组内人员没有足够的考核、激励和奖惩手段，是矩阵型组织结构的缺点之一。（　　）
17. 任务是指为了不同目的所担负和完成的不同工作，即工作活动中达到某一工作目的的要素集合。任务是对某人做某事的具体描述，即安排一位员工所完成的一项具体工作。（　　）
18. 在系统阐述工作分析的基本原理、原则和方法之前，必须明确工作分析引用的各种概念以及与之相关的一些名词术语。（　　）

19. 问卷调查法中的特定问卷是针对特定员工而设计的。（   ）
20. 关键事件是对工作结果有决定性影响的行为特征或事件（如成功与失败、盈利与亏损、高效与低产等）。（   ）
21. 招聘工作是后续人力资源管理工作开展的基础，影响其他业务的开展和效果。（   ）
22. 人员录用是指根据企业人力资源规划和工作分析的数量与质量要求，采用一定的方法吸纳或寻找具备任职资格和条件的求职者，并采取科学有效的选拔方法，筛选出符合本企业所需合格人才，并予以录用的管理活动。（   ）
23. 企业间的商业竞争，更大意义上是一场人才的竞争。（   ）
24. 公平公正竞争原则是指企业可以按照自己的愿望自主地选择自己所需要的员工，而劳动者也完全可以按照自己的条件与要求自由地选择企业。（   ）
25. 整个招聘过程是一个完整的、系统的、程序化的、循环的操作过程，大致可以分为准备、招募、甄选、录用、评估五个阶段。（   ）
26. 人员招聘准备阶段的工作目标是有针对性地提出具体的招聘需求，这些工作的有机结合使招聘工作的科学性、准确性和持续性大大加强，为后续工作指明了方向。（   ）
27. 人员招聘甄选阶段的工作目标是科学分析应聘者的综合素质，运用性价比最高的测评技术有效识别和评估应聘者，为最后的录用决策提供有效信息。（   ）
28. 人员招聘评估阶段的工作目标是总结本次招聘工作的有效经验，发现过程中的不足，并为以后的招聘提出改进和完善的建议，不断提高招聘的效率和效果。（   ）
29. 由人力资源部门与用人部门、职能部门对现有的人力资源情况进行科学评估。根据评估结果，了解目前人力资源的短缺程度，包括数量、结构等方面，以确定未来的招聘需求。（   ）
30. 通过任职资格可以了解岗位工作信息的具体说明，包括工作职责、工作内容、工作要求、工作权限、工作条件等。（   ）
31. 招聘信息发布的范围是由招聘对象的范围决定的。发布信息的面越广，即"人才蓄水池"的容量越大，招聘到合适人选的概率越高，费用会相应降低。（   ）
32. 人员选拔可分为挑选和精选两个阶段。（   ）
33. 背景调查是通过应聘者提供的证明人或工作单位收集的信息来核实其个人资料的评测方法。全面审核应聘者的所有资料，有助于为企业挑选合格的候选人。（   ）
34. 经过精心设计的应聘申请表结构合理，布局简洁，可以节省甄选时间，加快预选速度，是迅速、公正、准确获取应聘者有效资料的办法。（   ）
35. 行为描述式面试是基于行为的连贯性原理发展起来的面试，是一种采取专门设计的问题来了解应聘者过去在特定情况下的行为的结构化面试方式。（   ）
36. 面试是常用的人员甄选方法，适用于所有招聘的岗位，因为能考查到应聘者所有的能力和素质。（   ）
37. 面试评价量表是依据空缺岗位的招聘计划制定的，是面试过程中面试官进行现场评价和记录应聘者各项要素的工具，它应该反映出工作岗位对人员素质的要求。（   ）
38. 通过背景调查可以了解应聘者在以往工作中有无违纪等道德风险事件，降低录用

风险。( )

39. 在大多数情况下，背景调查由人力资源部负责实施，对于一些高级岗位或很难获取信息的岗位可以委托中介机构进行，注意选择具有良好声誉的中介机构，明确提出需要调查的项目和时限。( )

40. 校园招聘形式不断推陈出新，丰富多样，形成校园中的人才竞争态势。企业通过组织一些职业技能或者商业大赛，模拟实际商业项目的运作，吸引大批学生报名参加，让优秀的人才在竞赛中脱颖而出。( )

41. 开发是给新员工或现有员工传授其完成本职工作所必需的基本技能。( )

42. 为了统一管理，给各类培训对象的培训内容应一致，但培训方式要根据不同对象有所不同。( )

43. 国外深造不属于企业培训的范畴。( )

44. 培训课程体系建立在培训需求分析基础上，根据员工不同的能力素质可以分为入职培训课程、固定培训课程和动态培训课程。( )

45. 培训体系建设纵向要考虑各不同职能部门完成工作需要的专业技能，以此来确定培训需求，设计相应的课程。( )

46. 培训流程中首要的培训环节是确定培训目标。( )

47. 培训目标应具体、操作性强、可量化，为后续的培训评估提供重要的参考依据。( )

48. 培训小组由人力资源部负责人和负责培训的人力资源工作人员构成。( )

49. 在培训过程中，为了不干扰教学，培训组织者不要与培训师沟通培训的优缺点和学员反映的情况。( )

50. 如果员工通过培训后，其知识储备更多，技能也有了较大的提高，要考虑安排相应的岗位，并在待遇方面有所体现。( )

51. 游戏法的优点是有利于训练态度仪容和言谈举止等人际关系技能。( )

52. 通过一系列有方向有策略的方法指导员工，为员工提供工具、方法和机会的培训方式是师徒制。( )

53. 新员工中有一部分是有工作经验的人，因此不需要进行"新员工引导"。( )

54. 企业文化中所包含的价值观泛指企业管理中的各种文化现象。( )

55. 新员工用人部门在新员工培训中主要负责企业文化、员工行为规范、新员工有关本部门和岗位导向培训。( )

56. 影响个人绩效的因素包括个人目标设定、能力、主观意愿、环境影响等。( )

57. 绩效管理既是目标管理，也是过程管理。( )

58. 绩效管理是绩效评估的一个重要环节。( )

59. 绩效管理不仅关注最终任务完成情况、目标完成情况、结果或产出，同时还关注绩效形成过程。( )

60. 绩效评估越出色，所得的业绩工资越高。( )

61. 要解决绩效管理中的问题必须知道两件事，即存在什么问题和怎么发现问题。( )

62. 绩效信息收集采用问卷调查法时，要注意多以开放性问题为主。（　　）
63. 在绩效信息采集时，"小王的容易情绪激动"属于工作行为事实描述，可以作为绩效信息。（　　）
64. 在绩效信息整理时，审查收集到的材料对于分析所研究的问题有效的程度，属于真实性审查。（　　）
65. 员工对正式绩效文档内容有不同意见的时候，管理者需要在文档中另附上员工的意见。（　　）
66. 绩效评估中能力评估包括常识、专业知识和其他相关知识、技能技术三个方面。（　　）
67. 引导员工朝正确方向努力，做正确的事，体现了绩效评估的牵引性原则。（　　）
68. 在进行绩效指标的选择时，除了考虑与企业绩效评估系统衔接，还要考虑不同的评估内容和评估目的。（　　）
69. 全视角评估法在绩效评估的方法中属于描述法。（　　）
70. 绩效评估按评估周期分为定期评估和不定期评估。（　　）
71. 薪酬可分为基本薪酬、可变薪酬和间接薪酬。（　　）
72. 保健计划属于间接薪酬。（　　）
73. 绩效奖金属于间接薪酬。（　　）
74. 调节职能是薪酬的主要职能之一。（　　）
75. 激励工资就是绩效工资。（　　）
76. 薪酬管理就是工资管理。（　　）
77. 薪酬制度管理是指正确划分合理的薪级，确定合理的级差，还包括适应组织结构扁平化和员工岗位大规模轮换的需要，合理确定薪酬结构。（　　）
78. 行业性质、特点及地区的道德观与价值观等会在一定程度上影响薪酬管理。（　　）
79. 薪酬结构确定和调整的基本原则是给予员工最大的激励。（　　）
80. 福利具有补偿性特点。（　　）
81. 职工在工作时间和工作岗位，突发疾病死亡或者在24小时之内经抢救无效死亡的，视同工伤。（　　）
82. 每个职工只能有一个住房公积金账户。（　　）
83. 职工累计工作已满1年不满10年的，年休假7天。（　　）
84. 对部分中低收入者而言，如将全年一次性奖金并入当年工资薪金所得，扣除基本减除费用、专项扣除、专项附加扣除等后，可能无须缴税或者缴纳很少税款。（　　）
85. 根据国家法律、法规和政策规定，因病、工伤、产假、计划生育假、婚丧假等特殊情况支付的工资，也算作企业工资总额。（　　）
86. 人力资源社会保障部颁布的规范性文件属于规章。（　　）
87. 职业培训属于劳动关系法的内容。（　　）
88. 劳动关系是因劳动者与生产资料相结合而产生的社会关系。（　　）
89. 劳动法律关系构成包括主体和客体两个要素。（　　）
90. 自然人是劳动法律关系的主体。（　　）

91. 在调整劳动关系方面，劳动者具有参与权、缔约权、监督权、调处权等。（   ）
92. 按照我国《劳动合同法》规定，用人单位与劳动者建立劳动关系，可以订立书面或者口头劳动合同。（   ）
93. 根据用工方式可将劳动合同分为一般劳动合同、非全日制劳动合同、劳务派遣合同、小时工劳务合同。（   ）
94.《劳动合同法》规定，试用期最长不得超过5个月。（   ）
95. 社会保险中的内容是国家法律与法规强制性规定，双方当事人不得协议变更。（   ）
96. 实际履行原则是指劳动合同当事人双方按照劳动合同约定的标的及其数量、种类、质量、时间、地点、方式等全面完成自己所承担的全部义务。（   ）
97. 发现劳动者不能胜任工作，用人单位可直接单方面解除劳动合同。（   ）
98. 劳动合同期满，双方当事人不再续订劳动合同，劳动合同中止。（   ）
99. 劳动合同档案应由专门机构统一管理，企业中一般由人力资源部管理。（   ）
100. 劳动保护法规中的特殊主体保护规范主要是指女职工和未成年工特殊劳动保护。（   ）

二、单项选择题（下列每题的选项中，只有1个是正确的，请将其代号填在括号内）（每题0.5分，共40分）

1. 人力资源质量是指人力资源所具有的体力、智力、知识和技能水平，以及劳动者的（   ）。
   A. 情商　　　　B. 人脉关系　　　C. 工作经验　　　D. 劳动态度
2. 员工流入、晋升、流出等会（   ）。
   A. 导致员工数量减少　　　　　B. 导致员工数量增加
   C. 造成人工成本上升　　　　　D. 影响员工结构变化
3. 关于现代人力资源管理的表述，正确的是（   ）。
   A. 现代人力资源管理以事为中心
   B. 现代人力资源管理把员工视为重要的资源
   C. 人力资源部没有对人事制度的调整权限
   D. 现代人力资源管理在企业发挥的作用是业务性和战术性的
4. 人力资源管理的（   ）包括工作分析、人力资源规划、招聘、选拔等活动。
   A. 保持职能　　B. 整合职能　　　C. 获取职能　　　D. 评估职能
5. 人力资源管理评估职能的核心是（   ）。
   A. 工作分析　　B. 绩效评估　　　C. 满意度调查　　D. 全面考核
6. 人力资源规划的（   ）是促进企业实现其目标。
   A. 实质　　　　B. 根本　　　　　C. 关键　　　　　D. 重点
7. 从企业的人力资源战略出发，提出对（   ）、人力资源需求、人力资源供给的要求，企业根据这些要求制定人力资源规划。
   A. 企业战略规划　　　　　　　B. 业务经营目标
   C. 人力资源培养能力　　　　　D. 绩效考核

8. （　　）的目标是降低人才流失、提升士气、改进绩效等。
   A. 人员使用计划　　　　　　　　B. 人才接替和提升计划
   C. 薪资激励计划　　　　　　　　D. 劳动关系计划

9. 人力资源信息收集的方法主要有普查法、重点调查法、典型调查法、（　　）等。
   A. 抽样调查法　　　　　　　　　B. 分类统计法
   C. 问卷调查法　　　　　　　　　D. 专家小组法

10. 在人力资源信息来源中，（　　）是由从事研究和管理等活动的主体单位完成的。
    A. 文档信源　　　　　　　　　　B. 权威机构信源
    C. 数据库信源　　　　　　　　　D. 主体单位信源

11. 如果人力资源规划对象在某些部门比较集中，或者某类人力资源是本次人力资源规划的重点，可以采用（　　）。
    A. 普查法　　　B. 重点调查法　　　C. 典型调查法　　　D. 抽样调查法

12. 随着网络技术的普及和人事信息综合网络的有效构建，（　　）的工作效率得到了极大提高。
    A. 人力资源部　　　　　　　　　B. 业务发展部
    C. 产品研发部　　　　　　　　　D. 计划财务部

13. （　　）是指一个协作系统同其他协作系统交换效用的系统。
    A. 组织　　　B. 物质子系统　　　C. 人员子系统　　　D. 社会子系统

14. （　　）组织结构一般适合产品品种多且变化大的企业或以开发与科学实验研究为主的单位。
    A. 职能型　　　B. 直线型　　　C. 事业部型　　　D. 矩阵型

15. 动态资料包括使用观察法向员工了解工作的内容及其职责，使用岗位分析问卷分析员工（　　）等。
    A. 岗位风险　　　B. 岗位评估　　　C. 岗位价值　　　D. 岗位分析

16. 人员招聘管理是人力资源管理的重要部分，属于人力资源（　　）。
    A. 录用环节　　　B. 宣传环节　　　C. 输入环节　　　D. 规划环节

17. 对高层管理者和核心技术人员的成功招聘，可以为企业注入新的管理思想，开启新的工作模式，体现了人员招聘（　　）的意义。
    A. 提高企业工作绩效　　　　　　B. 给企业带来活力
    C. 增强凝聚力　　　　　　　　　D. 提高企业知名度

18. 有效的招聘可以推进企业内部合理的人员竞争意识和主动精神，体现了人员招聘（　　）的意义。
    A. 提高企业工作绩效　　　　　　B. 给企业带来活力
    C. 增强凝聚力　　　　　　　　　D. 促进合理流动，优化资源配置

19. 企业可以按照自己的意愿自主选择需要的员工，而劳动者也完全可以按照自己的条件和要求自由选择企业，体现了人员招聘（　　）基本原则。
    A. 公平公开竞争　　　　　　　　B. 双向选择
    C. 能岗匹配　　　　　　　　　　D. 效率优先

20. 在人员招聘中，传统的工作分析通过一系列前期研究获得的结果包括岗位说明书和（　　）。
    A. 工作职责　　　B. 工作活动　　　C. 岗位配置　　　D. 工作规范
21. （　　）不属于人员招聘甄选阶段的工作。
    A. 背景调查　　　　　　　　　　B. 选择招聘渠道
    C. 面试　　　　　　　　　　　　D. 性格测试
22. （　　）的工作目标是总结本次招聘工作的有效经验，发现过程中的不足，为以后的招聘提出改进和完善的建议，不断提高招聘的效率和效果。
    A. 准备阶段　　　B. 总结阶段　　　C. 结束阶段　　　D. 评估阶段
23. 企业实际工作的需要和业务的变化会导致人员需求的一定变化，对于这些需求变化情况，往往需要（　　）根据对实际情况的分析迅速做出决定。
    A. 人力资源部　　　　　　　　　B. 用人部门
    C. 用人部门和人力资源部　　　　D. 公司分管领导
24. （　　）不属于内部招聘。
    A. 岗位公告　　　B. 岗位竞聘　　　C. 部门推荐　　　D. 专业机构招聘
25. 应聘申请表的基本内容不包括（　　）。
    A. 个人基本资料　　　　　　　　B. 教育与培训经历
    C. 工作经历　　　　　　　　　　D. 推荐信
26. 面试官可以根据不同的要求，对应聘者提出各种问题，有时在某一个方面可以连续提多个问题，以全面深入地了解应聘者，这体现了面试的（　　）特点。
    A. 灵活性　　　　B. 双向性　　　　C. 直观性　　　　D. 全面性
27. 面试问话提纲由两部分组成：一是通用问话提纲，二是（　　）。
    A. 专业技术问话提纲　　　　　　B. 重点问话提纲
    C. 问话提纲参考答案　　　　　　D. 针对性问话提纲
28. 从应聘者以前就职的企业处了解其任期、岗位、工作部门、工作业绩、能力等信息，用以确认其工作经验的（　　）。
    A. 适用性　　　　B. 匹配性　　　　C. 连贯性　　　　D. 真实性
29. 校园招聘中面试合格的人员可以确定为拟录用对象，根据应届生招聘的相关规定签订（　　）。
    A. 劳动合同　　　B. 三方协议　　　C. 录用通知　　　D. 签约协议
30. 应届生到企业后，企业应尽快安排（　　），以利于其了解企业，更快融入企业。
    A. 入职体检　　　B. 签订合同　　　C. 入职培训　　　D. 企业文化培训
31. 培训与开发的最终目的是（　　）。
    A. 提高工作能力　　　　　　　　B. 提高知识水平
    C. 发挥个人潜能　　　　　　　　D. 提高工作绩效
32. 员工知识培训包括企业的发展战略、目标、经营方针、（　　）等。
    A. 规章制度　　　B. 个性认知　　　C. 操作技能　　　D. 人际关系技能
33. 培训管理体系的设计必须遵守（　　）的客观要求，做到兼顾培训活动近期的时效性和远期的前瞻性。

  A. 社会发展 B. 企业发展 C. 团队发展 D. 员工发展

34. 确定员工达到令人满意的工作绩效所需要掌握的知识与技能，属于培训需求分析中的（　　）。

  A. 企业分析 B. 工作分析 C. 个人分析 D. 环境分析

35. 培训结束后，应及时对培训效果进行评估，特别要注意（　　）转移到工作中的效果评估。

  A. 培训知识 B. 培训方法 C. 培训流程 D. 培训目标

36. 为了更准确地评估培训效果，在结束培训后，还应跟踪调查受训人员的（　　）。

  A. 工作情绪 B. 工作任务 C. 工作体验 D. 工作绩效

37. （　　）一般不适宜使用角色扮演法进行培训。

  A. 呼叫中心服务员   B. 销售人员

  C. 管理人员   D. 信息技术工程师

38. 工作轮换法属于（　　）培训方式。

  A. 信息传递式 B. 模拟式 C. 在岗式 D. 基于新技术

39. 新员工培训的内容包括企业文化、企业基本情况和工作基础知识，以及（　　）等。

  A. 价值观   B. 企业精神

  C. 部门和岗位职责   D. 企业战略发展

40. 依据入职培训的目的，制订入职培训的具体计划，并报请（　　）审查，经批准后方可实施。

  A. 企业培训部门主管   B. 企业用人部门经理

  C. 企业业务部门负责人 D. 企业领导层

41. 绩效是组织期望的结果，包括个人绩效和（　　）两个方面。

  A. 企业绩效 B. 部门绩效 C. 团队绩效 D. 社会绩效

42. 绩效是组织期望的结果，包括（　　）和企业绩效两个方面。

  A. 企业绩效 B. 部门绩效 C. 团队绩效 D. 个人绩效

43. （　　）属于企业绩效。

  A. 员工主观意愿   B. 员工个人目标设定

  C. 企业竞争力的提升 D. 员工能力大小

44. 绩效管理的最终目的是（　　）。

  A. 绩效评估 B. 绩效奖励 C. 绩效沟通 D. 绩效改进

45. 一般来说，（　　）不属于绩效合同的内容。

  A. 工作目的描述   B. 员工认可的工作目标

  C. 绩效衡量标准   D. 绩效考核人员名单

46. 经过多次绩效考核后，员工的业绩始终没有改善，如果确实是员工本身能力不足，不能胜任工作，则管理者可以考虑对其进行（　　）。

  A. 解雇   B. 培训

C. 工作岗位调整　　　　　　D. 绩效评价

47. (　　)不是常用的绩效信息来源。
   A. 生产作业记录　　　　　B. 定期检查记录
   C. 主管备忘录　　　　　　D. 员工信息表

48. 在绩效信息收集时，(　　)属于他人反馈法。
   A. 询问被评估者顺利完成工作的行为
   B. 了解质检部门记录下来的被评估者的废品、不合格产品个数
   C. 对被评估者的客户进行电话访谈
   D. 对评估者进行问卷调查

49. 在绩效信息整理中，利用资料间的比较进行核实属于绩效定性材料审核中的(　　)审查。
   A. 真实性　　　B. 准确性　　　C. 统一性　　　D. 完整性

50. 在整理绩效资料时，对调查抽样中的样本是否达到要求，问卷的回收率如何；每一份资料是否完整，如问卷上的每一项是否都有回答等的审查属于(　　)审查。
   A. 准确性　　　B. 合格性　　　C. 统一性　　　D. 完整性

51. 在绩效文档归档中，应将何种材料放进档案里，取决于问题的严重性、公司档案管理政策、(　　)的容忍度等。
   A. 管理者个人　　　　　　B. 员工个人
   C. 决策者个人　　　　　　D. 人力资源部

52. 绩效管理要做到以事实为依据，对被管理者的任何评估都应有事实根据，避免主观臆断和个人感情色彩，这是绩效评估的(　　)原则。
   A. 公开性　　　B. 差别性　　　C. 客观性　　　D. 发展性

53. 绝对评估标准一般可以分为(　　)的评估标准。
   A. 外部导向和内部导向　　B. 短期和长期
   C. 个人与团队　　　　　　D. 业绩与行为

54. 在绩效评估方法中，关键事件法属于(　　)。
   A. 相对评估法　　　　　　B. 绝对评估法
   C. 描述法　　　　　　　　D. 内部法

55. 在绩效评估方法中，(　　)往往比其他方法更能刺激员工的工作积极性。
   A. 简单排序法　　　　　　B. 间隔排列法
   C. 配比比较法　　　　　　D. 人物比较法

56. 可变薪酬又称(　　)，它是与员工工作所取得的成绩或者工作效率直接挂钩的。
   A. 基本薪酬　　B. 浮动薪酬　　C. 间接薪酬　　D. 直接薪酬

57. 全面薪酬的要素不包括(　　)。
   A. 薪酬　　　　B. 福利　　　　C. 工作与生活　　D. 长远规划

58. 广义的薪酬是企业给予员工的内在回报和外在回报的总和，其中内在回报包括(　　)。
   A. 基本工资　　　　　　　B. 津贴

C. 参与决策的权利　　　　　　　D. 绩效奖金

59. 薪酬通过对员工在劳动过程中体力与脑力消耗的补偿，以及员工为了提高自身素质进行教育投资的补偿，来保证劳动力的再生产和劳动者自身素质的提高。这体现了薪酬的（　　）。
    A. 补偿职能　　B. 激励职能　　C. 效能职能　　D. 降低成本职能

60. 作为基本工资的补充，（　　）往往随员工业绩的变化而调整。
    A. 基本工资　　B. 绩效工资　　C. 激励工资　　D. 员工福利

61. 员工个人的薪酬要根据其工作年限、岗位变动、绩效表现进行薪酬调整，这是薪酬管理（　　）原则的要求。
    A. 合法性　　B. 动态性　　C. 经济性　　D. 激励性

62. 企业的薪酬管理政策要符合国家法律法规和政策的有关规定，这是薪酬管理（　　）原则的要求。
    A. 合法性　　B. 动态性　　C. 经济性　　D. 激励性

63. 薪酬的（　　）是指企业应保证薪酬制度以支持企业战略为根本，适应企业现实和未来的发展，满足员工的需要。
    A. 结构管理　　B. 目标管理　　C. 水平管理　　D. 制度管理

64. 薪酬政策就是企业管理者对企业薪酬管理运行的目标、任务、（　　）的选择和组合，是企业在员工薪酬上采取的策略。
    A. 选项　　B. 手段　　C. 对象　　D. 市场

65. 因为实行按劳分配难以避免各个劳动者由于劳动能力、供养人口等因素的差别所导致的个人消费品满足程度不平等和部分员工的生活困难，员工福利可以在一定程度上减小按劳分配带来的差别。这体现了福利的（　　）特点。
    A. 补偿性　　B. 均等性　　C. 补充性　　D. 间接性

66. 机会性福利包括（　　）。
    A. 在职或短期脱产培训　　　　　B. 娱乐设施
    C. 节日慰问　　　　　　　　　　D. 廉价公房出租

67. 职工有（　　）情形的，不认定为工伤。
    A. 自残或者自杀
    B. 患职业病
    C. 在工作时间和工作场所内，因工作原因受到事故伤害
    D. 因工外出期间，由于工作原因受到伤害或者发生事故下落不明

68. 《职工带薪年休假条例》规定，职工累计工作已满10年不满20年的，年休假为（　　）天。
    A. 3　　B. 5　　C. 10　　D. 12

69. 用人单位依法安排劳动者在法定标准工作日延长工作时间的，按照不低于劳动合同规定的劳动者本人日或小时工资标准的（　　）支付劳动者工资。
    A. 100%　　B. 150%　　C. 200%　　D. 300%

70. 在很多国家和地区，在统计平均工资等民生指标时，还会运用（　　）统计法，

指的是将一组数据由小到大排序后，取出位于中间位置的数值。
   A. 最小值　　　　B. 最大值　　　　C. 平均数　　　　D. 中位数

71. 狭义的劳动法仅指（　　）。
    A.《中华人民共和国就业促进法》　　B.《中华人民共和国工会法》
    C.《中华人民共和国劳动法》　　　　D.《中华人民共和国侵权责任法》

72. 工作时间和休假的规定属于（　　）。
    A. 劳动基准法　　　　　　　　　　B. 劳动关系法
    C. 劳动保障法　　　　　　　　　　D. 劳动行政法

73. 劳动关系的特点是因劳动者与生产资料相结合而产生的社会关系，是一种经济利益关系，以及（　　）等。
    A. 不具有人身从属性的社会关系
    B. 劳动关系双方的谈判力量对等
    C. 劳动关系是冲突与合作的统一
    D. 是受法律调整的行政隶属关系

74. 劳动法律关系的主体不包括（　　）。
    A. 劳动保障部门　　　　　　　　　B. 劳动者
    C. 用人单位　　　　　　　　　　　D. 工会

75. "建立劳动关系，应当订立书面劳动合同"属于法律规范分类中的（　　）。
    A. 义务性规则　　　　　　　　　　B. 授权性规则
    C. 明确性规则　　　　　　　　　　D. 阐述性规则

76.《劳动合同法》规定，试用期最长不得超过（　　）个月。
    A. 3　　　　　B. 4　　　　　C. 5　　　　　D. 6

77. 用人单位在公开招聘时，要贯彻公开招收、自愿报名、全面考核、择优录用的原则，是劳动合同程序合法中的（　　）。
    A. 形式合法　　　　　　　　　　　B. 录用合法
    C. 主体合法　　　　　　　　　　　D. 客体合法

78. （　　）适用无过失性辞退。
    A. 在试用期期间被证明不符合录用条件的
    B. 劳动者同时与其他用人单位建立劳动关系
    C. 被依法追究刑事责任的
    D. 劳动者不能胜任工作，经过培训或者调整工作岗位仍不能胜任工作的

79. 劳动合同期满，双方当事人不再续订劳动合同，劳动合同（　　）。
    A. 终止　　　　B. 解除　　　　C. 中止　　　　D. 延续

80. 在工厂安全技术规程中，机器和工作台等设备的布置，必须科学、合理，便于安全操作；原材料、成品、半成品和废料的堆放不妨碍通行和装卸时候的便利安全，这属于（　　）。
    A. 建筑物和通道的安全　　　　　　B. 工作场所的安全
    C. 生产设备的安全　　　　　　　　D. 个人防护品的安全

三、多项选择题（下列每题的选项中，至少有2个是正确的，请将其代号填在括号内，多选、错选、少选均不得分。每题1分，共10分）

1. 人力资源管理包括一系列管理活动，主要包括人力资源规划、（　　）等。
   A. 员工招募与配置　　　　　　B. 培训与开发
   C. 绩效管理　　　　　　　　　D. 薪酬管理
   E. 经营计划管理

2. 关于组织的描述，正确的有（　　）。
   A. 协作系统以社会子系统为核心
   B. 组织的效力是组织存在的必要条件
   C. 组织成员个人目标得到满足，他们将为组织做出贡献
   D. 协作系统归根到底是组织本身
   E. 组织是协作系统的核心

3. 为了保证人员招聘的有效性，必须遵循（　　）等基本原则。
   A. 公平公开竞争　　　　　　　B. 双向选择
   C. 最优录用　　　　　　　　　D. 成本优先
   E. 遵守行业规范

4. 校园招聘的实施准备工作包括（　　）。
   A. 确定招聘岗位和人数　　　　B. 成立招聘小组
   C. 联系招聘学校　　　　　　　D. 准备相关资料
   E. 组织培训交流

5. 培训与开发对企业的作用有（　　）。
   A. 增强企业凝聚力　　　　　　B. 提高企业竞争力
   C. 获得高回报　　　　　　　　D. 有效解决企业问题
   E. 实现有效的奖惩

6. 绩效管理的含义包括绩效管理是一个过程、（　　）等方面。
   A. 绩效管理就是绩效考核
   B. 绩效管理注重持续的沟通
   C. 绩效管理的最终目的在于绩效改进
   D. 绩效管理是一个结果
   E. 绩效管理注重计划

7. 收集和记录绩效信息的目的包括（　　）。
   A. 提供绩效评估的事实依据　　B. 提供绩效改善的事实依据
   C. 发现绩效差别的原因　　　　D. 提高企业竞争力
   E. 提供争议仲裁中的利益保护

8. 良好的薪酬体系以企业发展战略为导向，具有（　　）等特点。
   A. 激励性　　　　　　　　　　B. 竞争性
   C. 公平性　　　　　　　　　　D. 可比性
   E. 多元性

9. 影响薪酬管理的企业外部因素包括（　　）。
   A. 人力资源市场的供需关系　　B. 地区及行业的特点与惯例
   C. 企业的经营状况与实际支付能力　　D. 当地的生活水平
   E. 国家的相关法律法规
10. 劳动合同的约定条款主要包括（　　）等。
   A. 劳动合同期限　　B. 服务期约定
   C. 试用期　　D. 社会保险
   E. 工作时间

专业知识模拟试卷(一)参考答案

一、判断题

1. √ 2. √ 3. √ 4. √ 5. √ 6. × 7. √ 8. × 9. × 10. √
11. √ 12. √ 13. √ 14. √ 15. √ 16. √ 17. √ 18. √ 19. × 20. √
21. √ 22. × 23. √ 24. × 25. √ 26. √ 27. √ 28. √ 29. √ 30. ×
31. × 32. × 33. √ 34. √ 35. √ 36. × 37. √ 38. √ 39. √ 40. √
41. × 42. × 43. × 44. √ 45. × 46. √ 47. √ 48. × 49. × 50. √
51. × 52. × 53. × 54. × 55. × 56. √ 57. √ 58. √ 59. √ 60. √
61. × 62. √ 63. √ 64. √ 65. √ 66. √ 67. √ 68. √ 69. √ 70. √
71. √ 72. √ 73. × 74. √ 75. × 76. × 77. √ 78. √ 79. √ 80. √
81. × 82. √ 83. × 84. √ 85. √ 86. √ 87. √ 88. √ 89. × 90. √
91. × 92. × 93. × 94. × 95. √ 96. × 97. × 98. × 99. √ 100. √

二、单项选择题

1. D 2. D 3. B 4. C 5. B 6. A 7. C 8. C 9. A 10. B
11. B 12. A 13. D 14. D 15. C 16. C 17. B 18. D 19. B 20. D
21. B 22. D 23. C 24. D 25. D 26. A 27. B 28. D 29. B 30. C
31. D 32. A 33. B 34. B 35. A 36. D 37. D 38. C 39. C 40. D
41. A 42. D 43. C 44. D 45. D 46. C 47. D 48. C 49. A 50. D
51. A 52. C 53. A 54. C 55. D 56. B 57. D 58. C 59. A 60. B
61. B 62. A 63. B 64. B 65. C 66. A 67. A 68. C 69. B 70. D
71. C 72. A 73. C 74. A 75. A 76. D 77. B 78. D 79. A 80. B

三、多项选择题

1. ABCD 2. BCDE 3. AB 4. ABCD 5. ABCD
6. BC 7. ABCE 8. ABC 9. ABDE 10. BC

专业知识模拟试卷（二）

一、判断题（下列表述正确的请画"√"，错误的请画"×"。每题0.5分，共50分）

1. 人力资源是生产活动中最活跃的因素之一，在所有资源中其重要性仅次于技术。
（   ）
2. 人力资源包括数量和质量两个方面。（   ）
3. 人力资源是指能够推动国民经济和社会发展的、具有智力劳动和体力劳动能力的人们的总和。（   ）
4. 人力资源部门从后台走向前台，成为业务部门不可缺少的参谋与战略合作伙伴。
（   ）
5. 在满足一定条件的前提下，人力资源从业者可以跨部门跨岗位发展。（   ）
6. 人力资源管理的职能包括获取、整合、保持、平衡、开拓。（   ）
7. 扎实的人力资源专业知识应该在实际工作中综合运用各个模块的知识，从人力资源管理的各个方面考虑问题，对人力资源管理的发展、变化、目的有深刻的了解，熟练应用现代化的管理工具。（   ）
8. 人力资源业务计划是连接人力资源战略和人力资源具体行动的桥梁。（   ）
9. 组织计划是从组织上保证人力资源信息收集工作顺利开展的重要依据，进度计划是从时间进度上保证调查工作正常开展的重要依据。（   ）
10. 用集成式数据库将所有与人力资源相关的数据（如人员基本信息、招聘、职业规划、绩效评估、培训）统一管理，形成信息源。（   ）
11. 组织是协作系统的组成部分，通常情况下，两者有比较明确的界限。（   ）
12. 对于企业来说，协作系统的社会子系统相当于企业的人事系统。（   ）
13. 信息沟通的路线必须尽可能直接或便捷。（   ）
14. 共同目标是协作意愿的必要前提。（   ）
15. 流程型材料生产企业（如钢铁、化工等企业）常采用事业部型组织结构。（   ）
16. 工作分析是指收集所有与岗位相关的信息，以科学和系统的方法确定某职务的性质、职责、任务和要求，决定一项工作应包含的工作项目及从事此项工作的必备知识、技术和能力，并提供与职务本身要求相关的其他信息。（   ）
17. 职责是指为了不同目的所担负和完成的不同工作，即工作活动中达到某一工作目的的要素集合。（   ）
18. 工作过程是指工作任务在岗位之间连续进行的环节，必须明确在部门目标制定→工作任务分解→任务完成的过程中，质量如何控制，最后的结果是否达到了预期。（   ）
19. 工作实践法只适用于短期内可掌握、专业性很强的岗位，不适用于需进行大量的训练或有危险性的工作。（   ）
20. 工作实践法又称工作参与法，是指岗位分析人员直接参与某一岗位的工作，从而

细致、全面地体验、了解和分析岗位特征及岗位要求的方法。（   ）

21. 人员招聘是企业基于生存和发展的需要，根据企业人力资源规划和工作分析的数量与质量要求，采用一定的方法吸纳或寻找具备任职资格和条件的求职者，并采取科学有效的选拔方法，筛选出符合本企业所需的合格人才，并予以聘用的管理活动。（   ）

22. 企业通过人才招聘活动，在招收到所需要人才的同时，也能通过在招聘工作的运作和招聘人员的素质向外界展示企业良好的形象。（   ）

23. 有效的招聘可以推进组织内部合理的人员竞争意识和主动精神，通过合理的流动，增强员工的危机感，刺激员工内在潜力的发挥，有效地进行人员优化配置。（   ）

24. 新技术的运用使招聘筛选和面试的时间越来越少，花费越来越少，筛选和面试的要求越来越严格。（   ）

25. 人力资源规划和人力资源预算管理是人员招聘的两项基础性工作，也是人力资源管理的基础。（   ）

26. 人员招聘招募阶段的工作目标是科学分析应聘者的综合素质，运用性价比最高的测评技术有效识别和评估应聘者，为最后的录用决策提供丰富的信息。（   ）

27. 人员招聘评估阶段是对应聘者甄选阶段测评的结果进行分析、确定入职者的过程。（   ）

28. 通过任职资格可以了解岗位工作信息的具体说明，包括工作职责、工作内容、工作要求、工作权限、工作条件等。（   ）

29. 招聘需求信息的整理包括对招聘需求信息的分类、记录、保存、打印。（   ）

30. 一般来说，如果条件允许，发布招聘信息的面越广，接收到该信息的人越多，应聘的人也越多，这样招聘到合适人选的概率越大。（   ）

31. 招聘人员都是处在社会的某一层次的，要根据招聘岗位的特点，向特定层次的人员发布招聘信息。例如，招聘科技人员的企业可以在科技报刊上刊登招聘信息。（   ）

32. 简历的内容大体上可以分为客观内容和主观内容两部分。（   ）

33. 应聘申请表中的个人基本资料包括姓名、性别、年龄、籍贯、联络地址及电话、个人邮箱等。（   ）

34. 面试根据场景的不同可以分为狭义的面试和广义的面试两种。（   ）

35. 非结构化面试对面试的构成要素不做任何具体的规定，无固定模式，事先无须做太多准备，主面试官只要掌握岗位的基本情况即可提出一些探索性、无限制的问题。（   ）

36. 招聘团队以人力资源部门为主，并吸收有关部门人员参加，用人部门的意见将在很大程度上起决定性作用。（   ）

37. 由于面试没有标准答案，所以评分往往带有一定的主观性，为了使面试评分尽量客观，在设计评分量表时，应使评分具有一个确定的计分幅度及评价标准。（   ）

38. 进行背景调查时，应聘者原先的直接领导提供的材料有很强的参考价值。（   ）

39. 应届毕业生充满朝气、可塑性强、发展潜力大，是就业市场上的生力军，是企业获取新鲜人力资源的源泉。越来越多的企业将目光瞄准校园，展开各式各样的校园招募活动，以此作为获取人才的主渠道之一。（   ）

40. 联合办学培养的人才在毕业后可全部来到该企业工作，企业不仅出资还提供专业实习基地，这种方式通常适合各种专业人才的培养。（　　）

41. 培训主要是指管理开发，指一切通过传授知识、转变观念或提高技能来改善当前或未来管理工作绩效的活动。（　　）

42. 态度培训主要培养员工与公司相互间的认同感、信任感，培养员工对公司的忠诚心，以及完成工作应当具备的心理素质等。（　　）

43. 培训与开发对企业管理者的作用包括改善工作质量、减少事故、提高生产率等。（　　）

44. 培训师队伍的建设是培训过程的核心，其业务水平决定了培训的质量。（　　）

45. 培训体系必须根据企业的发展战略和目标进行及时调整，否则培训体系就失去了实际的意义，就不可能真正发挥推进绩效改善和提升企业竞争力的作用。（　　）

46. 在培训需求分析的基础上，平衡企业与员工的需求和意愿，尽可能地使之趋于一致，形成企业的员工培训需求总体分析。（　　）

47. 企业急需原则是指企业的关键技术人员和管理人员、企业关键性项目的参加人员应首先予以培训。（　　）

48. 培训教室的座位安排对培训师与学员、学员与学员之间是否能够很好地交流有间接作用。（　　）

49. 为了保证培训时间进度，不影响其他的培训课程，即使学员对现场培训意犹未尽，也不能采取延长培训时间、安排课下座谈研讨等形式来调整课程安排。（　　）

50. 视听法就是利用现代视听技术传递信息，对员工进行培训，是一种主要的培训方法。（　　）

51. 模拟式培训方法是一种有利于培养分析能力和解决问题能力的培训方法。（　　）

52. 新式的师徒制不仅适用于技能行业，也适用于复杂程度高的工作，如经理的管理工作。（　　）

53. 新员工入职培训要培养其企业归属感，包括对企业的认同、忠诚、承诺和责任感。（　　）

54. 成功的企业不一定拥有最先进的企业文化，但一定有比较成功的企业文化培训。（　　）

55. 人力资源部总体负责员工入职培训的组织、策划活动、协调和跟踪评估，以及公司层面的入职培训活动。（　　）

56. 绩效是组织期望的结果，包括个人绩效和团队绩效两个方面。（　　）

57. 绩效管理的作用要同时从企业的角度和员工的角度来阐述。（　　）

58. 绩效计划作为绩效管理流程的第一个环节，是绩效管理实施的关键和基础。（　　）

59. 员工个人绩效是员工个人的事情，管理者没有必要进行指导。（　　）

60. 在绩效反馈面谈时，员工可以提出自己在完成绩效目标中遇到的困难，请求上级指导。（　　）

61. 绩效信息的记录和收集既可以发现绩效问题，还可以积累突出绩效表现的关键事件。（　　）

62. 为了获取完整、有效、准确的信息，绩效信息收集问卷要包含尽可能详尽的问题。（   ）
63. 资料归档就是对收集到的原始资料进行检查、分类和简化，使之系统化、条理化，为进一步分析提供条件。（   ）
64. 研究论文是定性资料的来源。（   ）
65. 绩效文档包含的重要的、必要的信息需要事无巨细、一字不落地记录下来，便于后续查询。（   ）
66. 工作潜力是工作能力向工作业绩转换的媒介，在很大程度上决定了能力向业绩的转化。（   ）
67. 绩效管理通过约束与竞争促进个人和团队的发展，因此管理者和员工都应该将通过绩效管理提高绩效作为首要目标。（   ）
68. 绩效评估就是狭义的绩效管理。（   ）
69. 绩效评估表是用来进行绩效信息采集、分析和统计的载体，根据绩效评估方式的不同，可以呈现不同的形式。（   ）
70. 企业在实践中，一旦设定了定期评估，一般不鼓励上下级之间进行不定期评估。（   ）
71. 薪酬可分为基本薪酬、可变薪酬和间接薪酬。（   ）
72. 保健计划属于间接薪酬。（   ）
73. 绩效奖金属于间接薪酬。（   ）
74. 调节职能是薪酬的主要职能之一。（   ）
75. 激励工资就是绩效工资。（   ）
76. 薪酬管理就是工资管理。（   ）
77. 薪酬的制度管理是指正确划分合理的薪级，确定合理的级差，还包括适应组织结构扁平化和员工岗位大规模轮换的需要，合理确定薪酬结构。（   ）
78. 行业性质、特点及地区的道德观与价值观等会在一定程度上影响薪酬管理。（   ）
79. 薪酬结构确定和调整的基本原则是给予员工最大的激励。（   ）
80. 福利具有补偿性特点。（   ）
81. 职工在工作时间和工作岗位，突发疾病死亡或者在24小时之内经抢救无效死亡的，视同工伤。（   ）
82. 每个职工只能有一个住房公积金账户。（   ）
83. 职工累计工作已满1年不满10年的，年休假7天。（   ）
84. 对部分中低收入者而言，如将全年一次性奖金并入当年工资薪金所得，扣除基本减除费用、专项扣除、专项附加扣除等后，可能无须缴税或者缴纳很少税款。（   ）
85. 根据国家法律、法规和政策规定，因病、工伤、产假、计划生育假、婚丧假等特殊情况支付的工资，也算作企业工资总额。（   ）
86. 劳动法的来源包括行为规范。（   ）
87. 劳动安全卫生属于劳动保障法的内容。（   ）

88. 劳动法是调整劳动关系的法律规范的总和。（   ）
89. 执业资格是指从事某一专业或工种所需的学识、技术和能力的起点标准。（   ）
90. 从业资格是指政府对某些责任较大、社会通用性强、关系公共利益的专业或工种实行准入控制，是依法独立开业或从事某一特定专业（工种）必备的学识、技术和能力标准。（   ）
91. "劳动者提前三十日以书面形式通知用人单位，可以解除劳动合同"为义务性规则。（   ）
92. 劳动合同是劳动者与用人单位之间确立劳动关系、明确双方权利和义务的协议。（   ）
93. 个人劳动合同是劳动者个人与用人单位签订的劳动合同，个人劳动合同只在劳动者和用人单位之间产生约束力。（   ）
94. 完备和明确是法律对劳动合同条款的基本要求。（   ）
95. 同一用人单位与同一劳动者只能约定一次试用期。（   ）
96. 用人单位在公开招聘时，要贯彻公开招收，自愿报名，德、智、体全面考核，择优录用的原则，是劳动合同订立的内容合法的要求。（   ）
97. 经济性裁员的法定情形有：1）依照企业破产法规定进行重整的；2）生产经营发生严重困难的。（   ）
98. 我国《劳动合同法》规定，经济补偿按劳动者在本单位工作的年限，六个月以上不满一年的，补偿半个月工资。（   ）
99. 对超过两年的已履行完毕的合同协议，可以予以销毁。（   ）
100. 劳动者是劳动保护的对象，享有劳动保护的权利，无须承担任何相关义务。（   ）

二、单项选择题（下列每题的选项中，只有1个是正确的，请将其代号填在括号内。每题0.5分，共40分）

1. 企业人力资源管理必须促使企业人力资源的数量和结构向符合企业发展需要的方向稳步渐进地调整，而且要促使员工队伍的年龄、学历、（   ）达到最优状态，产生最大的竞争力。
　　A. 知识结构　　B. 能力结构　　C. 技能结构　　D. 管理结构
2. 随着社会经济和企业管理的发展，（   ）部门成为企业重要的战略部门。
　　A. 市场营销　　B. 战略投资　　C. 人力资源　　D. 计划财务
3. 人力资源管理是富有（   ）的工作，只有热爱工作内容，才能承受各种压力，才会慢慢感受其中的乐趣。
　　A. 重要性　　B. 挑战性　　C. 独特性　　D. 决策性
4. 打造个人的职业竞争能力，要通过（   ），成为专业领域的"高手"。
　　A. 共同交流　　B. 虚心请教　　C. 树立目标　　D. 实践积累经验
5. 通过企业文化宣传、信息沟通、人际关系和谐、矛盾冲突化解等有效整合，使企业内容个体的目标、行为、态度趋向企业的要求和理念，使之形成高度的合作与协调，发挥集体优势，提高企业的生产力和效益，是人力资源管理的（   ）职能。
　　A. 获取　　B. 整合　　C. 保持　　D. 评价
6. 人力资源规划和企业（   ）是企业其他人力资源管理工作的基础。

A. 工作分析　　　B. 人才招聘　　　C. 绩效管理　　　D. 薪酬管理

7. 职务变动引起的薪酬变化属于（　　）的预算。
   A. 人员使用计划　　　　　　　　B. 人才接替和提升计划
   C. 薪资激励计划　　　　　　　　D. 劳动关系计划

8. （　　）是获取人力资源全面信息时所采取的调查方法。
   A. 普查法　　　B. 重点调查法　　　C. 问卷调查法　　　D. 分类统计法

9. 人力资源总体规划主要是指在计划期内的总目标、（　　）、实施步骤和总预算安排，是连接人力资源战略和人力资源具体行动的桥梁。
   A. 总政策　　　B. 总方向　　　C. 总战略　　　D. 总发展

10. 人力资源信息收集要符合准确性、及时性和（　　）原则。
    A. 公正性　　　B. 系统性　　　C. 全面性　　　D. 精确性

11. 人力资源管理信息系统从功能结构上可以分为基础数据层、业务处理层和（　　）。
    A. 具体实施层　　　B. 技术支持层　　　C. 决策支持层　　　D. 服务交付层

12. 协作系统由四个部分构成，即（　　）、物质子系统、人员子系统和社会子系统。
    A. 价值观子系统　　　　　　　　B. 组织
    C. 团队　　　　　　　　　　　　D. 非正式组织

13. 组织的一端是共同目标，另一端是参与组织的具有协作意愿的成员，只有通过（　　）把两端连接起来，才能成为有机的整体。
    A. 信息沟通　　　B. 互相交流　　　C. 诚信合作　　　D. 深刻理解

14. 需要明确工作岗位的职责、需要完成什么任务、工作量是否饱和、员工是否有足够的资源在规定时间内完成工作任务和职责、工作汇报关系是否合理、对岗位的监督检查是否完善等，是工作分析内容中的（　　）。
    A. 工作过程分析　　　　　　　　B. 工作权限分析
    C. 工作关系分析　　　　　　　　D. 工作任务和职责分析

15. 编制工作说明书时，应阐明工作特征和（　　），与有关的管理者及任职人员讨论工作说明书是否完整、准确、清晰。
    A. 工作职责　　　B. 工作标准　　　C. 工作计划　　　D. 工作规范

16. 对高层管理者和核心技术人员的成功招聘，可以为企业注入新的管理思想，开启新的工作模式，体现了人员招聘（　　）的意义。
    A. 提高企业工作绩效　　　　　　B. 给企业带来活力
    C. 增强凝聚力　　　　　　　　　D. 提高企业知名度

17. 对高层管理者和（　　）的成功招聘，可以为企业注入新的管理思想、开启新的工作模式，可能给企业带来技术上的重大革新，为企业增添新的活力。
    A. 部门经理　　　　　　　　　　B. 核心技术人员
    C. 一线员工　　　　　　　　　　D. 人力资源管理者

18. 招聘过程中坚持根据岗位任职要求，确定关键胜任力素质模型，以此作为衡量人才（　　）的标准，保证招聘工作的有效性。
    A. 匹配度　　　B. 适合度　　　C. 敬业度　　　D. 胜任力

19. 人力资源规划和（   ）是人员招聘的基础工作。
   A. 岗位设置   B. 工作分析
   C. 薪酬结构设置   D. 招聘策略

20. 人员录用主要包括办理（   ）、合同签订、员工试用、正式录用。
   A. 录用通知   B. 录用手续   C. 新员工培训   D. 确定岗位

21. 通过工作描述可以了解岗位工作信息的具体说明，包括工作职责、工作内容、工作要求、（   ）、工作条件等。
   A. 工作经验   B. 所需的知识技能
   C. 身体条件   D. 工作权限

22. 中层管理人员以上的职位一般由（   ）批准。
   A. 企业高层
   B. 人力资源部负责人
   C. 人力资源管理部和用人部门负责人
   D. 用人部门负责人

23. 人员初选基本以（   ）作为测评的基础。
   A. 笔试成绩   B. 体检结果
   C. 面试结果   D. 求职者提供的书面信息

24. 审查应聘者工作经历、个人成绩，要特别注意描述的条理性和逻辑性、工作时间的连贯性，注意是否有矛盾的地方，这些指的是甄选简历和应聘者申请表时（   ）的要求。
   A. 评估简历整体印象
   B. 结合招聘岗位要求查看应聘者基本条件
   C. 全面审查简历中的逻辑性
   D. 查看主观内容

25. 面试官可以根据不同的要求，对应聘者提出各种问题，有时在某一个方面可以连续提多个问题，以全面深入地了解应聘者，这体现了面试的（   ）特点。
   A. 灵活性   B. 双向性   C. 直观性   D. 全面性

26. 行为描述式面试是基于行为的连贯性原理发展起来的面试方式，是一种采用专门设计的问题来（   ）的结构化面试方法。
   A. 了解应聘者过去在特定情况下的行为
   B. 了解应聘者在设定情景下如何反应
   C. 预测应聘者未来对特定情况的反应
   D. 评价应聘者的某种心理素质与空缺职位所期望的行为模式进行比较

27. 为了使面试评分尽量客观，在设计评价量表时，应使评分具有一个确定的计分幅度及（   ）。
   A. 评价标准   B. 评价要素   C. 评价维度   D. 评价意见

28. 从应聘者以前就职的企业处了解其任期、岗位、工作部门、工作业绩、能力等信息，用以确认其工作经验的（   ）。

  A. 适用性   B. 匹配性   C. 连贯性   D. 真实性

29. 招聘小组根据企业批准的招聘计划、历年接收的各校毕业生情况、（ ）等，选定相应的高校。

  A. 各高校校园招聘价格   B. 各高校毕业生起薪水平
  C. 本年度各校生源状况   D. 各高校毕业生社会口碑

30. 由于应届毕业生没有工作经验，因此对他们的面试重点在于考查其（ ），即对潜质进行考查。

  A. 管理能力 B. 专业知识 C. 基本素质 D. 学习能力

31. 一个组织不仅岗位繁多，员工水平参差不齐，而且员工在人格、智力、兴趣、经验和技能方面均存在着差异，所以培训中需要遵循（ ）原则。

  A. 战略性 B. 学以致用 C. 因人施教 D. 主动参与

32. 培训与开发对管理者的作用有（ ）。

  A. 增强企业凝聚力   B. 提高企业的竞争力
  C. 实施有效奖惩   D. 改善工作质量

33. 培训体系必须根据企业的发展战略和目标进行及时调整，体现了培训体系建设需要遵循（ ）原则。

  A. 基于战略 B. 动态开放 C. 保持均衡 D. 全员参与

34. 培训目标的设立要注意与企业的宗旨相容，和企业长远目标相吻合，对企业部门可以起到工作（ ）作用。

  A. 宣传   B. 可行   C. 指南   D. 激励

35. 培训小组的组长一般是（ ）。

  A. 人力资源部门经理   B. 公司主管领导
  C. 人力资源部门的培训主管 D. 首席培训师

36. 培训是企业的一种投资行为，存在的风险包括培训后员工的流失和（ ）的流失。

  A. 资源   B. 技术   C. 资料   D. 设备

37. 案例研究法属于（ ）培训方法。

  A. 信息传递式 B. 模拟式 C. 在岗式 D. 基于新技术的

38. 师徒制属于（ ）培训方法。

  A. 信息传递式 B. 模拟式 C. 在岗式 D. 基于新技术的

39. 企业文化的核心是企业精神和（ ）。

  A. 价值观 B. 发展战略 C. 绩效目标 D. 经营目标

40. 新员工培训时，新员工直属上级提供指导时一般采用的形式是（ ）。

  A. 员工自习 B. 导师辅导 C. 集中授课 D. 小型座谈会

41. 一个员工绩效的优劣并不取决于单一因素，是绩效的（ ）特点。

  A. 多因性 B. 多维性 C. 动态性 D. 可变性

42. 个人绩效侧重于个人能力和（ ）。

  A. 个人意愿 B. 个人结果 C. 个人行为 D. 个人价值观

43. 在绩效计划阶段,管理者和(   )的共同投入与参与是进行绩效管理的基础。
    A. 直线部门经理   B. 人力资源部经理
    C. 人力资源部主管   D. 员工
44. 绩效评估是一个按事先确定的工作目标及其(   ),考查员工实际绩效情况的过程。
    A. 能力目标   B. 衡量标准   C. 工作计划   D. 绩效依据
45. (   )的合理与否是绩效改进工作发挥效用的关键。
    A. 绩效改进计划   B. 绩效结果应用
    C. 绩效持续沟通   D. 绩效实施辅导
46. (   )不属于绩效信息收集目的。
    A. 提供绩效评估的事实依据   B. 提供绩效改善的事实依据
    C. 发现绩效差别的原因   D. 确保公司利益不受损害
47. 在绩效信息收集时,应注意收集到的信息的准确性和(   )。
    A. 规范性   B. 时效性   C. 系统性   D. 结构性
48. 在绩效信息采集时,观察法运用中应该做到的是(   )。
    A. 可以现场思考观察问题
    B. 事先告知被观察对象
    C. 以观察到的行为作为唯一判断依据
    D. 记录下与观察目的相关的事实
49. 在绩效信息整理中,根据已有的经验和常识进行判断,一旦发现与经验与常识相违背,就必须再次进行核实属于绩效定性材料审核中的(   )审查。
    A. 真实性   B. 准确性   C. 统一性   D. 完整性
50. 在整理绩效资料时,对提供资料者的身份是否符合所规定的调查对象的身份,所提供的材料是否符合填报要求,所填报的资料是否准确无误的审查属于(   )审查。
    A. 合格性   B. 准确性   C. 统一性   D. 完整性
51. 绩效文档中不需要保存的是(   )。
    A. 关键绩效事件   B. 帮助管理者会议的笔记
    C. 绩效沟通记录   D. 绩效协议
52. 在整个绩效管理过程中,管理者与员工要开诚布公地进行沟通关于交流,评估结果要及时反馈给员工体现了绩效评估的(   )原则。
    A. 公开性   B. 差别性   C. 开放沟通   D. 发展性
53. 标杆管理是典型的(   )的绩效指标。
    A. 内部导向   B. 外部导向   C. 相对导向   D. 绝对导向
54. 在绩效评估的方法中,平衡计分卡属于(   )。
    A. 相对评估法   B. 绝对评估法
    C. 描述法   D. 表格法
55. 在绩效评估表中的被评估人的姓名和岗位及部门等信息属于绩效评估表中的(   )部分的内容。

A. 标题　　　　B. 表头　　　　C. 绩效指标体系　D. 表尾

56. 可变薪酬又称（　　），它是与员工工作所取得的成绩或者工作效率直接挂钩的。
    A. 基本薪酬　　B. 浮动薪酬　　C. 间接薪酬　　D. 直接薪酬

57. 全面薪酬的要素不包括（　　）。
    A. 薪酬　　　　B. 福利　　　　C. 工作与生活　D. 长远规划

58. 广义的薪酬是企业给予员工的内在回报和外在回报的总和，其中内在回报包括（　　）。
    A. 基本工资　　　　　　　　　　B. 津贴
    C. 参与决策的权利　　　　　　　D. 绩效奖金

59. 薪酬通过对员工在劳动过程中体力与脑力消耗的补偿，以及员工为了提高自身素质进行教育投资的补偿，来保证劳动力的再生产和劳动者自身素质的提高。这体现了薪酬的（　　）。
    A. 补偿职能　　B. 激励职能　　C. 效能职能　　D. 降低成本职能

60. 作为基本工资的补充，（　　）往往随员工业绩的变化而调整。
    A. 基本工资　　B. 绩效工资　　C. 激励工资　　D. 员工福利

61. 员工个人的薪酬要根据其工作年限、岗位变动、绩效表现进行薪酬调整，这是薪酬管理的（　　）原则的要求。
    A. 合法性　　　B. 动态性　　　C. 经济性　　　D. 激励性

62. 企业的薪酬管理政策要符合国家法律法规和政策的有关规定，这是薪酬管理应遵循的基本原则。这是薪酬管理（　　）原则的要求。
    A. 合法性　　　B. 动态性　　　C. 经济性　　　D. 激励性

63. 薪酬的（　　）是指企业应保证薪酬制度以支持企业战略为根本，适应企业现实和未来的发展，满足员工的需要。
    A. 结构管理　　B. 目标管理　　C. 水平管理　　D. 制度管理

64. 薪酬政策就是企业管理者对企业薪酬管理运行的目标、任务、（　　）的选择和组合，是企业在员工薪酬上采取的策略。
    A. 选项　　　　B. 手段　　　　C. 对象　　　　D. 市场

65. 因为实行按劳分配难以避免各个劳动者由于劳动能力、供养人口等因素的差别所导致的个人消费品满足程度不平等和部分员工的生活困难，员工福利可以在一定程度上减小按劳分配带来的差别。这体现了福利的（　　）特点。
    A. 补偿性　　　B. 均等性　　　C. 补充性　　　D. 间接性

66. 机会性福利包括（　　）。
    A. 在职或短期脱产培训　　　　　B. 娱乐设施
    C. 节日慰问　　　　　　　　　　D. 廉价公房出租

67. 职工有（　　）情形的，不认定为工伤。
    A. 自残或者自杀
    B. 患职业病
    C. 在工作时间和工作场所内，因工作原因受到事故伤害

D. 因工外出期间，由于工作原因受到伤害或者发生事故下落不明

68.《职工带薪年休假条例》规定，职工累计工作已满 10 年不满 20 年的，年休假（　　）天。

  A. 3   B. 5   C. 10   D. 12

69. 用人单位依法安排劳动者在法定标准工作日延长工作时间的，按照不低于劳动合同规定的劳动者本人日或小时工资标准的（　　）支付劳动者工资。

  A. 100%   B. 150%   C. 200%   D. 300%

70. 在很多国家和地区，在统计平均工资等民生指标时，还会运用（　　）统计法，指的是将一组数据由小到大排序后，取出位于中间位置的数值。

  A. 最小值 B. 最大值 C. 平均数 D. 中位数

71. 劳动法是关于（　　）之间关系的法律。

  A. 政府与企业   B. 企业与员工
  C. 企业与工会   D. 工会与员工

72. 集体合同的规定属于（　　）。

  A. 劳动基准法   B. 劳动关系法
  C. 劳动保障法   D. 劳动行政法

73. 形成劳动关系需要的条件包括（　　）。

  A. 劳动者具备工作技能   B. 劳动者以工作为谋生手段
  C. 企业需要发展   D. 在企业上班

74. 劳动法律关系的主体是指依劳动法享有权利和承担义务的劳动法律关系当事人，包括（　　）。

  A. 子公司 B. 用人单位 C. 职代会 D. 行业协会

75.《劳动合同法》规定，用人单位与劳动者建立劳动关系，应当订立（　　）。

  A. 口头劳务合同   B. 书面劳务合同
  C. 口头劳动合同   D. 书面劳动合同

76.（　　）一般情况下不属于适用竞业限制的人员。

  A. 高级管理人员   B. 高级技术人员
  C. 有保密义务的人员   D. 后勤管理人员

77. 劳动合同双方当事人的权利与义务是相对的，一方的义务同时也是另一方的权利，因此当事人应当帮助另一方履行其义务，这其实也是为了自身权利的实现，这是劳动合同履行中的（　　）原则。

  A. 实际履行   B. 协作履行
  C. 全面履行   D. 亲自履行

78.（　　）适用过失性辞退。

  A. 在试用期期间被证明不符合录用条件的
  B. 劳动合同订立时所依据的客观情况发生重大变化
  C. 劳动者患病或者非因工负伤
  D. 劳动者不能胜任工作，经过培训或者调整工作岗位仍不能胜任工作的

79. 我国《劳动合同法》规定，劳动者月工资高于用人单位所在直辖市、设区的市级人民政府公布的本地区上年度职工月平均工资三倍的，向其支付经济补偿的标准按职工月平均工资三倍的数额支付，向其支付经济补偿的年限最高不超过（　　）年。

  A. 五　　　　　　B. 十　　　　　　C. 十二　　　　　　D. 十五

80. 在工厂安全技术规程中，容易发生危险的特种设备必须严格管理；操作人员应经过专门培训考核，持证上岗操作，这属于（　　）技术规程。

  A. 建筑物和通道的安全　　　　B. 工作场所的安全
  C. 生产设备的安全　　　　　　D. 个人防护品的安全

三、多项选择题（下列每题的选项中，至少有2个是正确的，请将其代号填在括号内，多选、错选、少选均不得分。每题1分，共10分）

1. 人力资源管理的保持职能包括（　　）等。
  A. 公平的报酬　　　　　　　　B. 有效的沟通与参与
  C. 融洽的劳资关系　　　　　　D. 良好的工作环境
  E. 畅通的内部晋升通道

2. 工作分析的作用包括（　　）。
  A. 企业招收、选拔和使用员工的基本前提
  B. 为贯彻按劳分配原则、公平合理地支付劳动报酬提供了可靠的保证
  C. 为企业准确编制劳动计划、核算成本提供了依据
  D. 使员工明确了自己的职责
  E. 可应用于工作和组织设计

3. 人员录用主要包括（　　）。
  A. 办理录用手续　　　　　　　B. 合同签订
  C. 员工试用　　　　　　　　　D. 正式录用
  E. 评估招聘效果

4. 招聘需求信息发布的原则是（　　）。
  A. 面广原则　　　　　　　　　B. 合法原则
  C. 层次原则　　　　　　　　　D. 及时原则
  E. 公开原则

5. 在岗式培训方法包括（　　）。
  A. 工作轮换法　　　　　　　　B. 角色扮演法
  C. 游戏法　　　　　　　　　　D. 行动学习法
  E. 教练法

6. 从员工发展的角度来看，绩效管理的作用包括（　　）。
  A. 为企业诊断运营状况收集信息　　B. 发掘员工的潜能
  C. 加强员工的自我管理　　　　　　D. 促进员工与上级的沟通
  E. 提高员工的工作绩效

7. 收集绩效信息的方法包括观察法、（　　）等。
  A. 工作记录法　　　　　　　　B. 关键事件法

    C. 访谈法   D. 问卷调查法

    E. 他人反馈法

8. 良好的薪酬体系以企业发展战略为导向，具有（　　　）等特点。

    A. 激励性   B. 竞争性

    C. 公平性   D. 可比性

    E. 多元性

9. 影响薪酬管理的企业外部因素包括（　　　）。

    A. 人力资源市场的供需关系   B. 地区及行业的特点与惯例

    C. 企业的经营状况与实际支付能力   D. 当地的生活水平

    E. 国家的相关法律法规

10. 劳动关系的概念包含（　　　）等。

    A. 由劳动者个人与用人单位之间构成的个别劳动关系

    B. 由工会为代表的劳动者与用人单位构成的集体劳动关系

    C. 实现劳动过程中劳动者与劳动力使用者以及相关的社会组织之间的社会经济关系

    D. 为实现劳动过程而形成的一种社会关系

    E. 企业与退休返聘人员形成的劳动关系

专业知识模拟试卷（二）参考答案

一、判断题

1. × 2. √ 3. √ 4. √ 5. √ 6. × 7. √ 8. × 9. √ 10. √
11. × 12. × 13. √ 14. √ 15. √ 16. √ 17. × 18. √ 19. × 20. √
21. √ 22. √ 23. √ 24. × 25. × 26. √ 27. √ 28. √ 29. √ 30. √
31. √ 32. √ 33. √ 34. √ 35. √ 36. √ 37. √ 38. √ 39. √ 40. ×
41. × 42. √ 43. √ 44. √ 45. √ 46. √ 47. √ 48. × 49. × 50. ×
51. √ 52. √ 53. √ 54. √ 55. √ 56. × 57. √ 58. √ 59. × 60. √
61. √ 62. × 63. × 64. √ 65. √ 66. √ 67. √ 68. √ 69. √ 70. ×
71. √ 72. √ 73. × 74. √ 75. × 76. × 77. √ 78. √ 79. √ 80. √
81. × 82. √ 83. √ 84. √ 85. √ 86. × 87. × 88. √ 89. × 90. ×
91. × 92. √ 93. √ 94. √ 95. √ 96. × 97. √ 98. √ 99. √ 100. ×

二、单项选择题

1. B 2. C 3. B 4. D 5. B 6. A 7. B 8. A 9. A 10. B
11. C 12. B 13. A 14. D 15. D 16. A 17. B 18. A 19. B 20. B
21. D 22. A 23. D 24. C 25. A 26. A 27. A 28. D 29. C 30. C
31. C 32. D 33. B 34. C 35. A 36. B 37. B 38. C 39. A 40. B
41. A 42. B 43. D 44. B 45. A 46. D 47. B 48. D 49. A 50. A
51. B 52. C 53. B 54. B 55. B 56. B 57. D 58. C 59. A 60. B
61. B 62. A 63. B 64. B 65. C 66. A 67. A 68. C 69. B 70. D
71. B 72. B 73. B 74. B 75. D 76. D 77. B 78. A 79. C 80. C

三、多项选择题

1. ABCD 2. ABCDE 3. ABCD 4. ACD 5. ADE
6. BCDE 7. ACDE 8. ABC 9. ABDE 10. ABC

专业操作模拟试卷

一、试题一（25分）

背景资料

凌云科技有限公司在激烈的市场竞争中出现了越来越多的法律风险隐患。为此，公司高层决定对相关员工进行法律知识培训。人力资源部王经理安排其助理小刘落实此次培训的各项准备工作。

担任此次培训师的是一位经他人推荐的知名法律专家陆先生，小刘提前两周与他微信联系，确定了培训的时间、地点和主要内容。培训前一天，王经理想看一下培训讲义，小刘赶紧联系陆先生。陆先生说他这段时间非常忙，之前小刘也没有与他沟通需要培训讲义一事，他没有准备相关书面材料。陆先生还说，这一课程是他非常熟悉的，现场发挥绝对没有问题，请学员在培训时认真做好记录即可。

培训当天，王经理发现不少应该参加培训的人员缺勤，询问之下才知道，原来市场部临时有一个营销活动，市场部经理觉得培训的事情并不重要，因此安排大家都去参加营销活动了。

培训结束后，不少学员吐槽说，这次培训一直在忙着记笔记，很多内容似懂非懂，培训师讲得又快又深奥，根本来不及消化。

此次培训效果不佳，王经理责怪小刘工作没做到位，小刘觉得很委屈。

问题

1. 小刘在培训准备工作中存在哪些问题？（12分）
2. 培训实施前应该做好哪些准备工作？（13分）

二、试题二（25分）

背景资料

广森汽车销售公司成立于2019年1月，业务发展稳定，有员工80余人。2022年6月，公司引进新的投资人，按照新投资人的要求，公司须在2024年年底完成营业收入增长100%、利润增长50%的经济指标。为实现这一目标，公司到2022年12月，人员规模需扩张到120人。

人力资源部制订了招聘计划，全力配合各业务部门的新员工招聘工作。招聘专员小李从多个渠道收集了大量的简历，简单筛选后开始安排面试。刚开始，业务部门很积极地进行面试工作，但是持续没多久，大家就对候选人及其简历有诸多不满，主要问题有：有的候选人跳槽频繁，稳定性极差；有的候选人简历上写着全日制本科毕业，却没有学位证明；有的候选人工作经历存在明显的时间重叠，有诚信问题；有的候选人简历上写着有销售经理的工作经验，但应聘的岗位是销售员；有的候选人薪资要求远高于公司的薪资水平。业务部门认为人力资源部对简历和申请表没有进行仔细筛选，存在候选人与岗位要求不匹配、简历问题多等现象，导致面试候选人质量不高，浪费了大家的时间和精力。

问题

1. 该公司人力资源部进行简历筛选时存在哪些问题?(10分)
2. 该公司应该如何有效进行简历和申请表的甄选工作?(15分)

三、试题三(25分)

背景资料

智恒公司是一家高科技企业,人力资源部经理宋强新官上任三把火,想在企业内部管理上有一番作为,决定首先在绩效评估工作上实现突破。在得到公司高层的支持后,由他牵头人力资源部制定了新绩效管理制度,确定了绩效评估指标,并下发给各部门。

然而,新绩效管理制度实施后的情况出乎宋强的预料。大家反映人力资源部将绩效评估指标定得过高,实施过程中得不到部门主管的指导,许多规定的绩效指标不知道如何完成。绩效评估方案中明确规定,评估结果将与人员晋升、工资调整等方面挂钩。但第一年评估结果公布后,大家发现主管只是进行了绩效打分,没有找他们谈话,评估结果"优秀"和"合格"的员工没有区别,薪酬也没有变化。

渐渐地,大家对绩效评估失去了热情,认为那只是一套流于形式的评估方案。

问题

1. 该公司缺失了哪些绩效管理环节?(11分)
2. 该公司绩效结果的应用途径有哪些?(14分)

四、试题四(25分)

背景资料

刘芳与某超市签订了5年期的劳动合同。合同中约定,刘芳在超市财务部担任会计。

有一次,超市财务部王经理安排大家在公休日加班,刘芳因家中有事而进行请假、未参加加班。王经理认为刘芳缺乏责任心、无团队合作意识,向超市领导建议将刘芳调离财务部。很快超市人力资源部通知刘芳到超市化妆品柜台担任收银员。刘芳对此十分不满,她认为平时自己工作认真,且财务部人手紧张,没有理由调动她的工作岗位。

刘芳进行申辩,超市领导没有引起重视,也没有认真调查,还是决定让刘芳去收银台工作。刘芳气愤之极,拒绝岗位调动。

问题

1. 刘芳是否有权拒绝岗位调动?为什么?(10分)
2. 哪些情况下可以实行劳动合同变更?(15分)

专业操作模拟试卷参考答案

一、试题一（25分）

答题思路

1. 小刘在培训准备工作中存在的问题（12分）

（1）与培训师的沟通不到位。没有就培训课程内容、形式、要求等事项与培训师仔细、明确地进行沟通。（4分）

（2）培训资料准备不充分。培训前未制作课程讲义发放给学员。（4分）

（3）与部门的培训沟通不充分。未有效及时跟踪和确认学员的时间安排。（4分）

2. 培训实施前的准备工作（13分）

（1）组建培训项目小组。协调培训中的各项工作安排，确保培训如期进行。（4分）

（2）召开培训动员会议。强调培训意义，总结培训规划阶段工作，同时对所有培训准备事项进行具体安排，并落实到具体人员。（4分）

（3）进行培训各类事项的准备。确认和通知学员，检查培训设备，选择培训场地，布置座位，培训前与培训师联系沟通，编印资料等。（5分）

二、试题二（25分）

答题思路

1. 该公司人力资源部进行简历筛选时存在的问题（10分）

（1）没有结合招聘岗位的要求查看应聘者的基本条件。简历中存在频繁跳槽、无学位证明、工作经历时间重叠等情况。（4分）

（2）没有仔细审查应聘者简历中的逻辑性。简历中存在已经做到销售经理，来应聘销售员岗位的情况，不符合逻辑性。（3分）

（3）没有仔细审查应聘者的薪资期望。简历中存在薪资要求远高于公司薪资水平的情况。（3分）

2. 简历和申请表的有效甄选方法（15分）

（1）结合招聘岗位要求查看应聘者基本条件的契合性，包括个人信息、受教育程度、工作经历、个人业绩等。（3分）

（2）查看主观内容的真实性，包括应聘者对自己的评价性与描述性内容是否适度、属实。（3分）

（3）全面审查简历中的逻辑性，包括工作经历和个人成绩方面是否有条理、具有逻辑性，工作时间是否连贯、是否存在重叠或矛盾的地方。（3分）

（4）审查简历整体内容的规范性，包括是否整洁、美观，有无错别字等。（3分）

（5）查看应聘者薪资期望与公司薪酬体系的吻合度，了解应聘者对薪资的期望是否与公司的薪资水平相吻合。（3分）

三、试题三（25分）

答题思路

1. 该公司缺失的绩效管理环节（11分）

（1）绩效计划不够全面。绩效评估指标制定不合理，制定过程中缺乏员工的共同参与。（3分）

（2）绩效实施过程中缺乏对员工的指导和反馈，缺乏持续沟通。（3分）

（3）绩效评估后，管理者未与员工进行反馈面谈，员工不知道自己应该如何改进。（3分）

（4）绩效评估结果流于形式，没有与相应的管理措施相衔接。（2分）

2. 该公司绩效结果的应用途径（14分）

（1）制订绩效改进计划。（2分）

（2）组织培训。（2分）

（3）薪酬奖金分配。（2分）

（4）职务调整。（2分）

（5）员工职业发展开发。（2分）

（6）人力资源规划。（2分）

（7）处理内部员工关系。（2分）

四、试题四（25分）

答题思路

1. 刘芳是否有权拒绝岗位调动？为什么？（10分）

（1）刘芳有权拒绝岗位调动。（5分）

（2）因为劳动合同约定的岗位是财务部会计，调动的新岗位是收银员，超市和刘芳未协商一致变更合同内容。（5分）

2. 可以实行劳动合同变更的情形（15分）

（1）由于发生不可抗力，使原合同履行不可能或者失去意义。（5分）

（2）由于国家政策的变化，原先所订立的劳动合同已经不符合法律规定，已不能继续执行等。（5分）

（3）劳动合同订立时的客观情况发生了重大变化。（5分）